サービス付き高齢者向け住宅の意義と展望

監修　京極 髙宣　Kyogoku Takanobu

著者　井上 由起子　Inoue Yukiko

　　　高橋 正　Takahashi Tadashi

　　　深澤 典宏　Fukazawa Norihiro

　　　宮島 渡　Miyajima Wataru

　　　山田 尋志　Yamada Hiroshi

大成出版社

はじめに

　本書は、高齢者ケアの今後の展開で近年大きな話題となっている「サービス付き高齢者向け住宅」(「サ高住」と略す)に関する最新の専門書である。ただ専門書といっても、いわゆる学術書ではない。むしろ、ケア専門家や関連業者などにとって必要不可欠な豊富な知見が盛り込まれている分かりやすい手引書となっている。

　本書の特色は少なくとも3点あって、まず第1に「サ高住」が高齢者の多様な住まいの中に占める位置、その役割などが体系的に整理されていること、第2に都市計画学・建築学の立場からの「サ高住」の分析がなされていること、第3に全国で最もモデル的展開をしている優れた法人の実践事例がまとめられていること、にある。

　本書の由来は、私が主宰している日赤振興会講習会（日赤振興会・福祉総研共催）で「サービス付き高齢者向け住宅の現状と課題」をテーマとした第27回（2012年11月19日、日本赤十字社）の内容が参加者から高い評価を得たことから、『地域ケアリング』（2013年2月号及び3月号、北隆館）の原稿をさらに加筆して単行本としたことによる。本書の出版元の大成出版社は、既に大方の好評を得ている『（サービス付き）高齢者向け住宅の手引き』（サービス付き高齢者向け住宅研究会、2012年7月、大成出版社）を刊行していて、かつ国土交通省とも縁が深いことから、『地域ケアリング』の出版元の北隆館の了解を得て、本書の刊行の運びとなった次第である。

　本書に収録されているお二人の「基調講演」、すなわち厚生労働省老健局の担当課長（当時）の深澤典宏氏（高齢者支援課長）及び日本社会事業大学専門職大学院の建築専門家の井上由起子氏（同大学院准教授）の各々のお話は、誠に総括的かつ体系的であり類書に見受けられないものといえる。また3人のシンポジストの先生方のお話、すなわち高橋正氏（㈱ユーミーケア前代表）、宮島渡氏（アザレアンさなだ総合施設長）、山田尋志氏（総合ケアセンターきたおおじ代表）の各々のお話には全国的

にみても最も先進的な優れた実践事例を紹介していただいている。本書の監修者として、以上の5人の先生方には、深甚の謝意を表したい。

　本書を通読すれば、現在、我が国の高齢者住宅の在り方を展望することができ、先に紹介した実務書『(サービス付き) 高齢者向け住宅の手引き』の理解も大いに深まるであろう。

　超高齢化の進展により大都市部で老人病院や介護施設等の建設が困難な時代状況において、多様なライフスタイルに対応した高齢者の人権と個性を重んじた多様な住まいの中軸に、「サ高住」が位置づけられる時代は、必ず来るのではないかと私は確信している。

2013年7月10日

監修者　京　極　髙　宣

（国立社会保障人口問題研究所　名誉所長）
（全社協　中央福祉学院学院長　　　　　）
（社会福祉法人　浴風会理事長　　　　　）

目次

はじめに

1章 サービス付き高齢者向け住宅の意義と現状　*1*
　（1）サービス付き高齢者向け住宅の意義と展望　*2*
　（2）だれが「高齢期の特別な住居」の費用を負担するのか　*24*

2章 サービス付き高齢者向け住宅のモデルケース　*41*
　（1）サービス付き高齢者向け住宅に期待するもの
　　　　～現状、課題を超え目標に向けて～　*42*
　（2）社会福祉施設経営の立場から高齢者の住まいを考える　*58*
　（3）「終末期ケア」を捉えたサ高住事業の事業性　*73*

3章 シンポジウム
　―サービス付き高齢者向け住宅の新たなビジネスモデルを求めて―　*95*
　サービス付き高齢者向け住宅の新たなビジネスモデルを求めて　*96*

資料
　（1）サービス付き高齢者向け住宅 Q&A　*119*
　（2）高齢者の居住の安定確保に関する法律　*151*
　著者一覧　*186*

1章

サービス付き高齢者向け住宅の意義と現状

Chapter 1

（1）サービス付き高齢者向け住宅の
意義と展望

厚生労働省 老健局 高齢者支援課 課長（当時） 深澤 典宏

■ 高齢者の住まいの現状

本日は、「サービス付き高齢者向け住宅の現状と課題」というテーマでお招きをいただきました。最近、新聞等でもよく取り上げられており、お見かけすることも多いと思いますが、高齢者の方の住まいの現状を踏まえつつ、介護保険制度とサービス付き高齢者向け住宅との関わりについて、ご説明させていただきたいと思います。最初に高齢者の方の居住の現状を中心にお話をさせていただきます。図1はわが国の人口の将来推計です。75歳以上の方と介護の関係では要介護者が急増していき

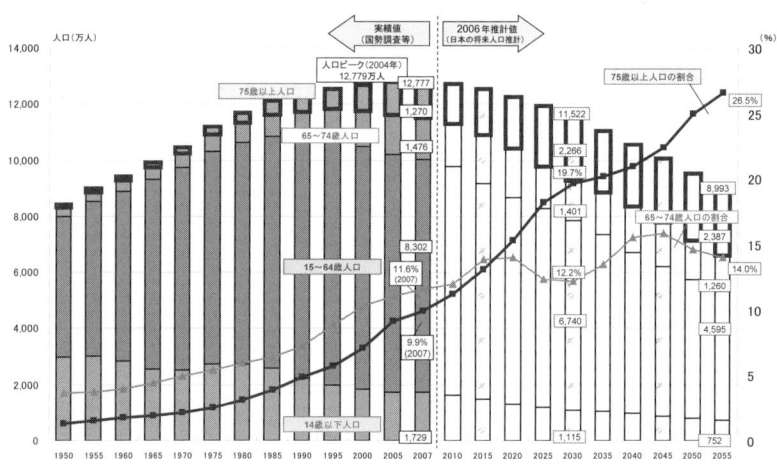

図1　人口の将来推計

ますが、現在75歳以上の人口は10人に1人ぐらいの割合ですが、今後、急速に上昇し、2055年には、4人に1人という推計がなされています。

そのスピード感を表したものが図2となります。高齢化のスピードを国際社会と比較したものですが、日本が群を抜いているのがお分かりい

国	65歳以上人口割合（到達年次）			到達に必要な年数
	7%	14%	21%	7%→14%
日本	1970	1994	2007	24
中国	2001	2026	2038	25
ドイツ	1932	1972	2016	40
イギリス	1929	1975	2029	46
アメリカ	1942	2015	2050	73
スウェーデン	1887	1972	2020	85
フランス	1864	1979	2023	115

図2　高齢化の進行に関する国際比較【時間軸での比較】

都道府県別の高齢者（65歳以上）人口の推移

	2005年時点の高齢者人口（万人）	2020年時点の高齢者人口（万人）	2035年時点の高齢者人口（万人）	増加率順位(2010→2035)
神奈川県	149	235（+58%）	272（+83%）	1
埼玉県	116	196（+69%）	212（+82%）	2
沖縄県	22	32（+47%）	40（+80%）	3
千葉県	106	174（+64%）	188（+77%）	4
愛知県	125	189（+51%）	208（+66%）	5
東京都	233	334（+43%）	390（+68%）	6
和歌山県	25	30（+22%）	29（+14%）	42
山口県	37	46（+23%）	41（+10%）	43
山形県	31	36（+15%）	34（+8%）	44
高知県	21	25（+9%）	22（+8%）	45
秋田県	31	36（+16%）	32（+4%）	46
島根県	20	23（+14%）	21（+3%）	47
全国	2,576	3,590（+39%）	3,725（+45%）	

「日本の都道府県別将来推計人口（2007年5月推計）について」（国立社会保障・人口問題研究所）

図3　都市部における急速な高齢化【地域軸での比較】

(万世帯)

	2005年	2010年	2015年	2020年	2025年	2030年
一般世帯	4,906	5,184	5,290	5,305	5,244	5,123
世帯主が65歳以上の世帯	1,355	1,620	1,889	2,006	2,015	2,011
単独世帯 （比率）	387 28.5%	498 30.7%	601 31.8%	668 33.3%	701 34.8%	730 36.3%
夫婦のみ世帯 （比率）	465 34.3%	540 33.1%	621 32.9%	651 32.5%	645 32.0%	633 31.5%

（注）単独世帯・夫婦のみ世帯に付記してある比率は、「世帯主が65歳以上の世帯」に占める割合
（出典）日本の世帯数の将来推計(全国推計) 2013年1月推計〔国立社会保障・人口問題研究所〕
※2010年国勢調査に調整を加えて行った推計値。

図4 高齢者の世帯形態の推移と将来推計

ただけると思います。それに近いのは中国ぐらいで、急速な高齢化の中で、わが国がどのように対応していくのかが求められています。

また、高齢化の進行を地域軸で比較したものが図3です。これまで、高齢化が進展していた地方部に対し、今後、高齢化人口が急増するのが、首都圏やその近県の都市部であり、人口が極めて多い中で、いかに対応していくかが課題となっております。

図4は高齢者の世帯を分類したものです。世帯主が65歳以上の世帯をみますと、3分の2くらいが単身か夫婦のみ世帯で、非常に高い割合を示しています。こうした高齢者家族の実態を踏まえて、次に高齢者の住まいがどうなっているのかを見ていきたいと思います。

■ 高齢者の住まい種類

グラフの時間軸が右から、1998年、2003年、2008年となっていますが、矢印のところを見ていただくと、高齢者住宅の中で、持ち家率は、若干、低下しています。しかし、実態としては、高齢者の9割以上が在宅となっています（図5）。また要介護認定を受けておられる高齢者も数の上では、約8割が在宅となっています。したがって、施設

も重要ではありますが、在宅の高齢者に向けてのケアをどうしていくのかが、今後の大きな課題だといえます。

高齢者の住まいの現状を踏まえて、どういった施設が提供されているのかについて、図6でご説明します。サービス付き高齢者向け住宅から

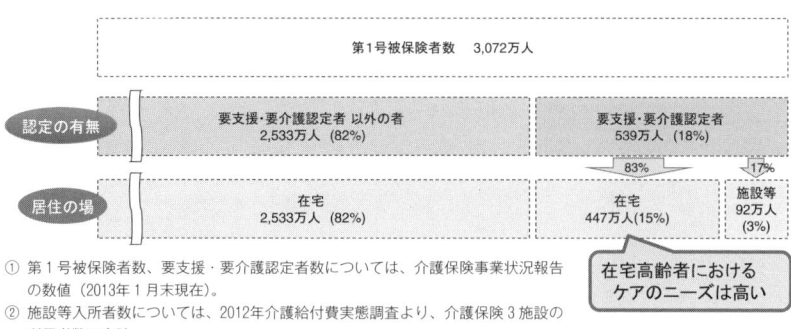

① 第1号被保険者数、要支援・要介護認定者数については、介護保険事業状況報告の数値（2013年1月末現在）。
② 施設等入所者数については、2012年介護給付費実態調査より、介護保険3施設の利用者数の合計。

図5　高齢者の住まいの現状

	①サービス付き高齢者向け住宅	②有料老人ホーム	③養護老人ホーム	④軽費老人ホーム	⑤認知症高齢者グループホーム
根拠法	高齢者住まい法第5条	老人福祉法第29条	老人福祉法第20条の4	社会福祉法第65条 老人福祉法第20条の6	老人福祉法第5条の2 第6項
基本的性格	高齢者のための住居	高齢者のための住居	環境的、経済的に困窮した高齢者の入所施設	低所得高齢者のための住居	認知症高齢者のための共同生活住居
定義	高齢者向けの賃貸住宅又は有料老人ホーム、高齢者を入居させ、状況把握サービス、生活相談サービス等の福祉サービスを提供する住宅	老人を入居させ、入浴、排せつ若しくは食事の介護、食事の提供、洗濯、掃除等の家事、健康管理等の事業を行う施設	入居者を養護し、その者が自立した生活を営み、社会的活動に参加するために必要な指導及び訓練その他の援助を行うことを目的とする施設	無料又は低額な料金で、老人を入所させ、食事の提供その他日常生活上必要な便宜を供与することを目的とする施設	要介護者・要支援者であって認知症である者（その者の認知症の原因となる疾患が急性の状態にある者を除く。）
介護保険法上の類型	なし ※外部サービスを活用	特定施設入居者生活介護			認知症対応型共同生活介護
主な設置主体	限定なし（営利法人中心）	限定なし（営利法人中心）	地方公共団体 社会福祉法人	地方公共団体 社会福祉法人 知事許可を受けた法人	限定なし（営利法人中心）
対象者	次のいずれかに該当する単身・夫婦世帯 ・60歳以上の者 ・要介護/要支援認定を受けている60歳未満の者	老人 ※老人福祉法上、老人に関する定義がないため、解釈においては社会通念による	65歳以上の者であって、環境上及び経済的理由により居宅において養護を受けることが困難な者	身体機能の低下等により自立した生活を営むことについて不安であると認められる者であって、家族による援助を受けることが困難な60歳以上の者	要介護者/要支援者であって認知症である者（その者の認知症の原因となる疾患が急性の状態にある者を除く。）
1人当たり面積	25㎡　など	13㎡（参考値）	10.65㎡	21.6㎡（単身） 31.9㎡（夫婦）　など	7.43㎡
施設数[※1]	3,391件（2013.3.31）	7,563件（2012.7）	962件（2011.10）[※2]	2,155件（2011.10）[※2]	11,745件（2012.10）
			特定施設入居者生活介護の指定を受けている施設：3,107件（2010.10）		
定員数[※1]	109,239人（2013.3.31）	315,678人（2012.7）	65,433人（2011.10）[※2]	91,786人（2011.10）[※2]	170,800人（2012.10）
			特定施設入居者生活介護の指定を受けている施設：74,312人（2010.10）		
補助制度等	整備費への助成	なし	なし	定員29人以下：整備費等への助成	

※1：①→サービス付き高齢者向け住宅情報提供システム調べ、②→厚生労働省老健局調べ、③・④→社会福祉施設等調査、⑤→介護給付費実態調査、特定施設→介護サービス施設・事業所調査
※2：2011年社会福祉施設等調査において、調査票の回収率から算出した推計値

図6　高齢者向け住まい・施設の比較

5

認知症高齢者グループホームまで5つあります（図6参照）が、サービス付き高齢者向け住宅や有料老人ホーム（図7a・7b）は、一般的に高齢者の住まいという基本的性格がありますが、養護老人ホーム、軽費老人ホームは、環境的、経済的に困窮した高齢者の入所施設ということで、主に低所得者向けの住まいとなっています。認知症高齢者グループホームについては、認知症高齢者のための共同生活を支えるための施設という位置づけです。これらの提供方法、主な設置主体は、図6の中央の列をご覧いただければと思いますが、営利法人、株式会社など民間事業者を中心に提供されています。社会保障制度改革国民会議の元となりました「社会保障と税の一体改革」の中で今後の見通しが立てられていますが、特定施設や認知症高齢者グループホームといった居住系サービスに、今後かなりのサービス量が見込まれています。2011年度での居住系サービスは、1日当たり32万人となっていますが、今後、団塊の世代が後期高齢期を迎える2025年度の改革シナリオでは、1日当たり、62万人となっていて、94％の増加を見込んでいます。また、サービス付き高齢者向け住宅についても2012年11月現在約8万戸が登録されていますが、今後は有料老人ホーム、認知症高齢者グループホームの数も増加させていかなければならないと考えています。

■ サービス付き高齢者向け住宅に至る背景

　本題であるサービス付き高齢者向け住宅に入る前に、その他の高齢者向けの施設について少しご説明させてください。図7aに有料老人ホームの定義がありますが、登録制度となっており、高齢者に入居していただいて、食事の提供などを行っています。また、図7bでは、2012年度の段階で、31万5千人の入居定員ということで、数も急増していることがお分かりいただけると思います。

　次に養護老人ホームと軽費老人ホームの概要ですが、主に低所得者の方の住まいということで、数量的には、養護老人ホームが定員数約6万2千人、軽費老人ホームが約8万3千人ということで、養護老人ホームの数

図7a　有料老人ホームの定義

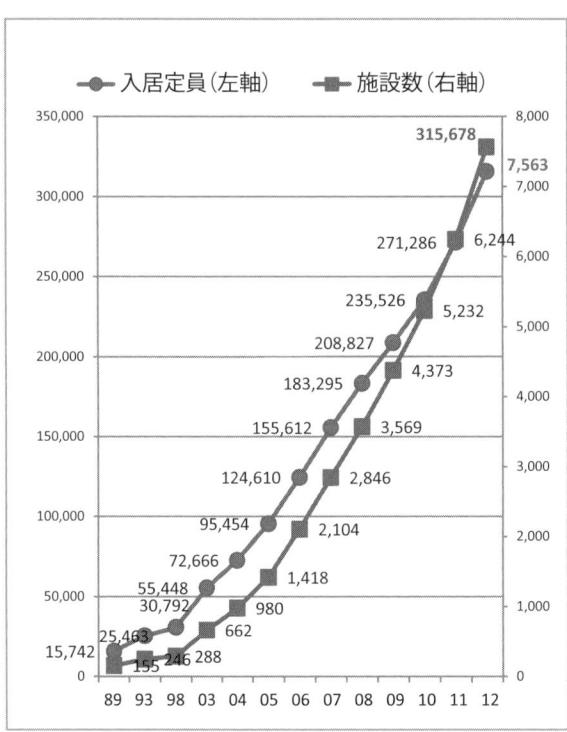

図7b　有料老人ホーム数の推移

```
○ 施設数等    ・施設数        ９０９施設
  （2010.10 現在）・定員数     ６２，３０７人
              ・入所者数    ５８，０５４人（入所率 ９３.２％）
○ 利用対象者  ・市町村が設置する「入所判定委員会」により、一定の基準に基づき、措置の要否を判定
○ 面積基準   ・10.65㎡以上
○ 介護保険との関係（2006年度より）
              ・入所者が介護保険の居宅サービスの利用が可能
              ・「外部サービス利用型特定施設入所者生活介護」の指定を受けることが可能
```

図8　養護老人ホームの概要

```
○ 施設数等    ・施設数      １，９６４施設
  （2010.10 現在）・定員数     ８３，８４５人
              ・利用者数    ７８，１７６人（利用率 ９３.２％）
○ 利用対象者  ・60歳以上、家庭環境、住宅事情等の理由で在宅での生活が困難な者。
              （利用者と施設長との契約による）
○ 面積基準
```

	A型	B型	ケアハウス	都市型
	6.6㎡/人(4畳)	16.5㎡(10畳)【単身】 24.8㎡(15畳)【夫婦】	21.6㎡(13畳)【単身】 31.9㎡(19畳)【夫婦】	7.43㎡/人(4.5畳) 10.65㎡(6.5畳)が望ましい

```
○ 介護保険との関係
              ・利用者が介護保険の居宅サービスの利用が可能
              ・「外部サービス利用型特定施設入所者生活介護」の指定を受けることが可能（2006年～）
```

図9　軽費老人ホームの概要

は最近はほぼ横ばい、もしくは、やや減少となっています（図8）。軽費老人ホームは若干、増加していますが（図9）、高齢者の住まいとしてのボリュームは、それほど大きくは増えていかないと思われます。数としては、有料老人ホームや、サービス付き高齢者向け住宅が中心になっていくことと思います。その中で、サービス付き高齢者向け住宅とは違った機能をこれらの施設にどう付加していくかについて、議論が必要と考えます。

図10は認知症対応型グループホームの概要ですが、こちらも今後は確実に増えていくと見込まれており、我々としても積極的に整備を支援をしているところです。図11は介護保険3施設の概要を比較したものですが、特別養護老人ホーム（以下「特養」）、老人保健施設（以下「老健」）、介護療養型医療施設は、要介護高齢者の方の生活施設が特養、在宅復帰を目指すリハビリテーション施設が老健、重医療・要介護高齢者のための長期療養施設が介護療養型医療施設という、それぞれの性格づ

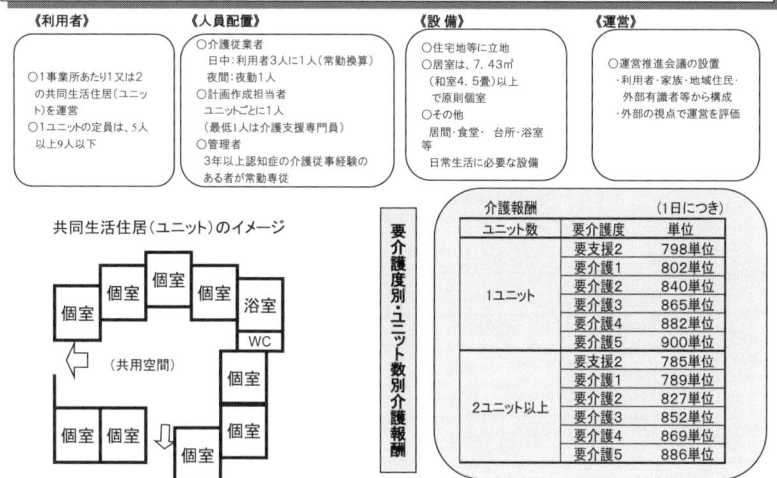

図10 認知症対応型共同生活介護（グループホーム）の概要

けがなされています。社会保障と税の一体改革の中で、施設から在宅へという流れを大きく打ち出していますが、これら介護保険3施設については、施設の重点化を進めています。しかし、重点化といっても、これまでのようなスピードでは整備は進んでいかないということで、より介護度の重い方、あるいはより医療の程度の重い方を中心に、在宅では受け止めきれない方の受け皿という形での重点化ということをうたっています。今後新たに整備をしない、ということでは決してありません。必要な整備については、着実に行っていかなければならないと考えています。

図12は特養の概要ですが、一例を申しますと、左側に従来型の個室と4人部屋との多床室がありますが、従来の特養におけるケアでは、病院に近い環境のもとで、施設として一貫した形で、食事、入浴、排泄等のケアを行っていましたが、これからの特養におけるケアは、右側のようなユニット型施設で個室を前提としながら、中央にご自宅と同じよう

		特別養護老人ホーム	老人保健施設	介護療養型医療施設 （2017年度末までに廃止）
基本的性格		要介護高齢者のための生活施設	要介護高齢者が在宅復帰を目指すリハビリテーション施設	重医療・要介護高齢者の長期療養施設
定義		65歳以上の者であって、身体上又は精神上著しい障害があるために常時の介護を必要とし、かつ、居宅においてこれを受けることが困難なものを入所させ、養護することを目的とする施設 【老人福祉法第20条の5】	要介護者に対し、施設サービス計画に基づいて、看護、医学的管理の下における介護及び機能訓練その他必要な医療並びに日常生活上の世話を行うことを目的とする施設	療養病床等を有する病院又は診療所であって、当該療養病床等に入院する要介護者に対し、施設サービス計画に基づいて、療養上の管理、看護、医学的管理の下における介護その他の世話及び機能訓練その他必要な医療を行うことを目的とする施設 【旧・医療法第7条第2項第4号】
介護保険法上の類型		介護老人福祉施設 【介護保険法第8条第26項】	介護老人保健施設 【介護保険法第8条第27項】	介護療養型医療施設 【旧・介護保険法第8条第26項】
主な設置主体		地方公共団体 社会福祉法人	地方公共団体 医療法人	地方公共団体 医療法人
居室面積 ・定員数	従来型	1人当たり面積	10.65㎡以上	8㎡以上	6.4㎡以上
		定員数	原則個室	4人以下	4人以下
	ユニット型	1人当たり面積	10.65㎡以上		
		定員数	原則個室		
医師の配置基準		必要数（非常勤可）	常勤1以上 100:1以上	3以上 48:1以上

図11　介護保険3施設の比較

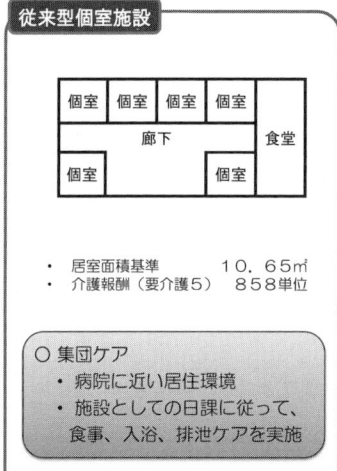 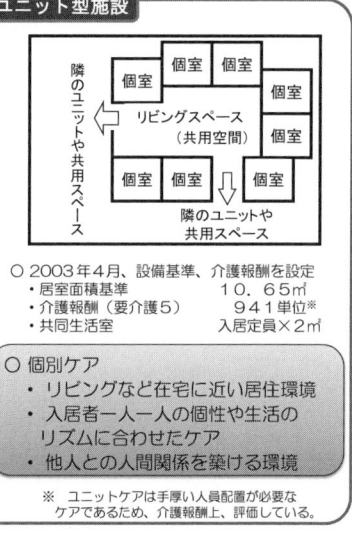

図12　特別養護老人ホームの概要（ユニット型と従来型の違い）

にリビングスペース（共用空間）を設けて、できるだけ在宅に近い居住環境のもと、一人ひとりの個性や生活のリズムといったものを大切にしています。そして昼間はリビングに出てきていただいて、他の入居者の方と安定した人間関係を築いていける、そんなケアを目標としており、ユニット型施設を推奨しています。

以上、高齢者の状況と住まいの現状についてご説明致しました。

■ 介護保険制度との関係

次に、介護保険制度について、触れさせていただきたいと思います（図12）。

介護保険制度の仕組みにつきましては、ご来場の皆様もよくご存知だと思いますが、市町村が保険者となり、加入者（被保険者）の1割負担のもとに、その他の公費の負担のところは、税金と保険料で賄っています。そのうち、保険料の50％を、65歳以上の第1号被保険者と40歳か

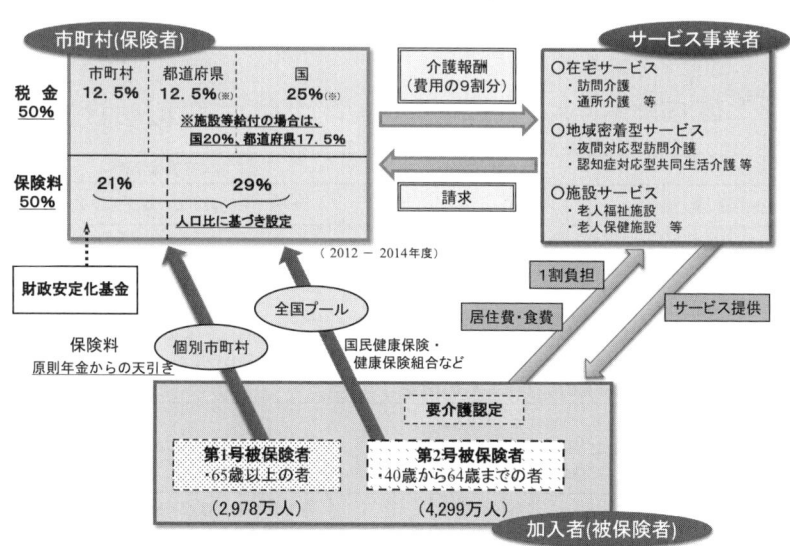

（注）65歳以上の者（第1号被保険者）の数は、「2011年度介護保険事業状況報告」による。
第2号被保険者数は、社会保険診療報酬支払基金が介護給付費納付金額を確定するための医療保険者からの報告によるものであり、2011年度内の月平均値である。

図12　介護保険制度の仕組み

ら64歳までの第2号被保険者とで分担していただいておりますが、この分担の割合が、2012年度の第5期介護保険事業計画から変更されました。これは人口で按分することになっており、今期の計画期間においては、第1号被保険者が21％、第2号被保険者が29％をご負担していただいております。

図13は被保険者の概要ですが、受給要件のところを見ていただきますと、第2号被保険者は要介護、要支援の特定の疾病による場合に限るということで、その大多数が、第1号被保険者となっています。

2000年から始まった介護保険制度ですが、要介護度別の認定者の数が、どのくらい伸びているかをご説明しているのが図14です。2000年のスタート時は218万人でしたが、2012年4月現在で533万人ということで、急増しています。これから増え続ける要介護の方に対し、介護保険を持続可能な制度としてどのように営んでいくべきか。当然、充実させていくべきサービスは充実させていかなければならないのですが、同時に給付の重点化、効率化も図っていく。これが、これからの介護保険制度の課題だといえます。

次に図15ですが、こちらをご覧いただければ、これから介護保険財

	第1号被保険者	第2号被保険者
対象者	65歳以上の者	40歳から64歳までの医療保険加入者
人数	2,978万人(2011年度) (65〜74歳：1,505万人　75歳以上：1,472万人)	4,299万人(2011年度)
受給要件	・要介護状態 　（寝たきり、認知症等で介護が 　必要な状態） ・要支援状態 　（日常生活に支援が必要な状態）	要介護、要支援状態が、末期がん・関節リウマチ等の加齢に起因する疾病（特定疾病）による場合に限定
要介護（要支援） 認定者数と被保険 者に占める割合	515万人(17.3％) 65〜74歳：　　65万人(4.3％) 75歳以上：　450万人(30.5％)	16万人(0.4％)
保険料負担	市町村が徴収 （原則、年金から天引き）	医療保険者が医療保険の保険料と一括徴収

（注）65歳以上の者（第1号被保険者）の数は、「2011年度介護保険事業状況報告」による。
　　　第2号被保険者数は、社会保険診療報酬支払基金が介護給付費納付金額を確定するための医療保険者からの報告によるものであり、2011年度内の月平均値である。

図13　被保険者（加入者）について

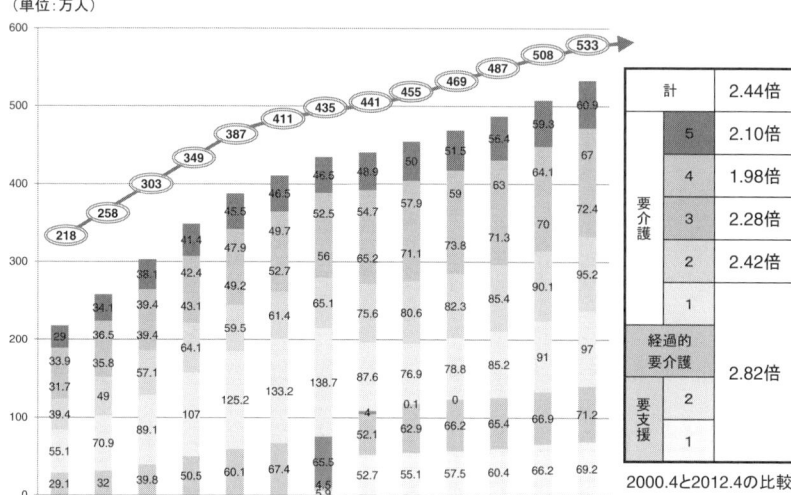

図14 要介護度別認定者数の推移

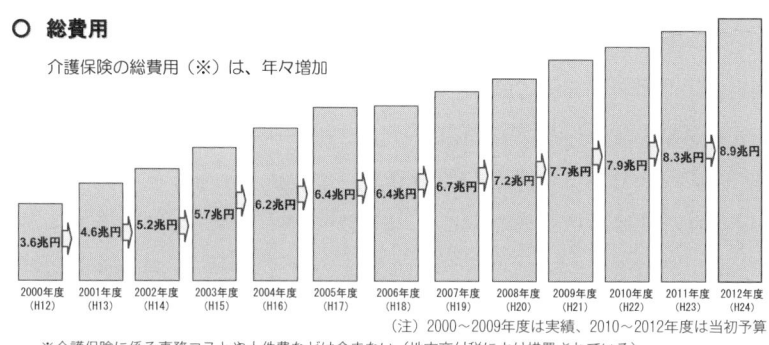

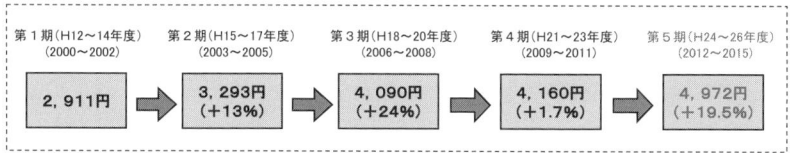

図15 要介護度別の状態像(イメージ図)

政の動向というものを、数字として実感していただけるのではと思います。

2000年に介護保険に掛かる総費用が3.6兆円だったものが、2012年度は、8.9兆円となっています。今後、医療や年金などの社会保障の中で、一番伸びていくと推計されているのが、介護の分野です。65歳以上の方が支払う保険料も、制度開始当初は2911円だったものが、2012年から開始している第5期の計画では4972円となっています。これらのデータから、介護保険制度をいかに持続可能なものとしていくのかが大きな課題であることを認識していただきたいと思います。

■ サービス付き高齢者向け住宅とは何か

それでは、本日の主題である、サービス付き高齢者向け住宅の概要についてお話ししていきたいと思います。

2011年10月から改正高齢者住まい法が施行されて、サービス付き高齢者向け住宅の登録制度がスタート致しました。改正に至った背景については、先述の通り、高齢者の単身、あるいは夫婦のみ世帯の急激な増加のほか、特養の待機者の中でも要介護度の比較的低い方が、自宅では少々心配だということで希望されているという実情があります。それから諸外国との比較の中で、施設系は諸外国並みといえますが、高齢者向けの住まいが日本では不足しているという現状があります。先般、閣議決定された日本再生戦略の中では、2020年までにサービス付き高齢者向け住宅、有料老人ホームを含めた高齢者の住まいを、高齢者人口に対して3～5％まで増やしていくとしており、厚生労働省としても推進しているところです。

図16では、それではサービス付き高齢者向け住宅とは一体、どのようなものかということで、その登録基準をお示ししています。ハード面、サービス面、契約内容とそれぞれありますが、ハード面としては、1人当たりの最低居住面積が原則25㎡であるとか、水洗便所や洗面台、浴室等の日常的に使われる構造設備が一定の基準を満たすといったことが定め

入居者	①単身高齢者世帯　　　　○「高齢者」…60歳以上の者または要介護・要支援認定を受けている者
	②高齢者＋同居者（配偶者／60歳以上の親族／要介護・要支援認定を受けている親族／特別な理由により同居させる必要があると知事が認める者）
規模・設備等	○各居住部分の床面積は、原則25㎡以上。※ （ただし、居間、食堂、台所その他の住宅の部分が高齢者が共同して利用するため十分な面積を有する場合は18㎡以上。） ○各居住部分に、台所、水洗便所、収納設備、洗面設備、浴室を備えたものであること。※ （ただし、共用部分に共同して利用するため適切な台所、収納設備または浴室を備えることにより、各戸に備える場合と同等以上の居住環境が確保される場合にあっては、各戸に台所、収納設備または浴室を備えずともよい。） ○バリアフリー構造であること。（段差のない床、手すりの設置、廊下幅の確保）※
サービス	○少なくとも状況把握（安否確認）サービス、生活相談サービスを提供 ・社会福祉法人、医療法人、指定居宅サービス事業所等の職員または医師、看護師、介護福祉士、社会福祉士、介護支援専門員、ヘルパー2級以上の資格を有する者が少なくとも日中常駐し、サービスを提供する。※ ・常駐しない時間帯は、緊急通報システムにより対応。※
契約関係	○書面による契約であること。 ○居住部分が明示された契約であること。 ○権利金その他の金銭を受領しない契約であること。（敷金、家賃・サービス費および家賃・サービス費の前払金のみ徴収可。） ○入居者が入院したことまたは入居者の心身の状況が変化したことを理由として※、入居者の同意を得ずに居住部分の変更や契約解除を行わないこと。 ○サービス付き高齢者向け住宅の工事完了前に、敷金及び家賃等の前払金を受領しないものであること。 家賃等の前払金を受領する場合：・家賃等の前払金の算定の基礎、返還債務の金額の算定方法が明示されていること。 ・入居後3月以内に、契約を解除、または入居者が死亡したことにより契約が終了した場合、（契約解除までの日数×日割計算した家賃等）※を除き、家賃等の前払金を返還すること。 ・返還債務を負うこととなる場合に備えて、家賃等の前払金に対し、必要な保全措置※が講じられていること。
	○基本方針及び高齢者居住安定確保計画に照らして適切なものであること。※

※都道府県知事が策定する高齢者居住安定確保計画において別途基準を設けることができる。

図16　サービス付き高齢者向け住宅の登録基準

られています。これらは当然のことながら、バリアフリーとしています。

　そして、サービスの中身ですが、少なくとも、安否確認と生活相談のサービスを提供するというのが、サービス付き高齢者向け住宅の登録要件となっています。当然、それ以外に食事の提供や家事などもサービスに入るわけですが、少なくとも安否確認と生活相談の2つは提供していただくということとなっています。

　また、契約の内容においても、長期入院を理由に一方的に事業者サイドから契約解除ができないといった居住の安定が図られた契約であることなどが定められています。

　具体的にどういうものを目指しているかというと、例えば、一階ロビーに診療所や、訪問看護サービスのステーションを併設したり、2012年度から新しく介護保険のサービスとして始まった24時間対応の定期巡回・随時対応サービスを活用していただくことで、住み慣れた地域で必要なサービスを受けながら住まい続けることを目指す、ということが、サー

ビス付き高齢者向け住宅の制度を発足させた狙いであるといえます。

　他にも、最低限、ヘルパー2級以上の資格を有する方を日中は常駐させるというのが条件となっています。また、夜間の対応については、常駐しない時間帯は緊急通報システムといった機器を活用することも可能ですが、サービスに重きを置いているところでは、多くのところで夜間も職員を常駐させています。契約関連のところは、ご高齢の入居者の居住の安定を守るということを、法律でもうたっておりますので、是非、目を通しておいていただければと思います。

　図17はサービス付き高齢者向け住宅の登録制度ですが、事業者名であるとか、サービスの内容、受領する金銭などを、きちんと登録をする義務があります。こちらは、「サービス付き高齢者向け住宅情報提供システム」としてホームページでも公開されており、入居予定の方の参考にしていただけると思います。

　しかし、果たしてこれだけの情報で、入居者がサービス付き高齢者向

```
┌─ 登録事業者について ──────────────────────────────  ※登録は建物毎に行う。5年毎の更新制。
│  ○商号、名称または氏名        ○住所          ○事務所の名称／所在地
│  ○役員の氏名(法人の場合)      ○法定代理人の氏名／住所(未成年である場合)
├─ 登録住宅について ──────────────────────────────
│  ○住宅の名称    ○所在地    ○敷地面積    ○戸数    ○居住面積    ○構造及び設備
│  ○バリアフリー構造    ○敷地／住宅の権原    ○修繕計画の策定状況(維持管理の方法)
├─ サービスの内容について ────────────────────────────
│  ○高齢者生活支援サービスの内容／提供形態(自ら提供／委託)　○(委託の場合は)受託者の氏名・名称／住所
│    →安否確認、生活相談、食事提供、介護、家事、健康管理
│  ○常駐してサービスを提供する者の資格／提供方法        ○緊急通報サービスの内容
│  ○事業所の名称／住所／連携・協力内容(登録事業者と異なる者が医療・介護のサービスを連携・協力して提供する場合)
│  ○医療・介護等のサービス施設の名称／サービスの内容(施設が合築、併設されている場合)
├─ 受領する金銭について ─────────────────────────────
│  ○敷金、家賃(共益費含む)・サービスの対価(以下、「家賃等」という。)の概算額　○家賃等の前払金の有無
│    －家賃等の全部または一部の前払金を一括して受領する場合－
│        ○家賃等の前払金の概算額    ○返還債務を負う場合の保全措置の内容
├─ その他 ───────────────────────────────────
│  ○契約形態(賃貸借／利用権)    ○特定施設入居者介護事業者の指定の有無    ○入居者資格
│  ○入居開始時期(入居開始前に登録申請を行う場合)
```

　　　　　これらの情報をHPで一元的に提供し、利用者が選択しやすい環境をととのえている
　　　　　サービス付き高齢者向け住宅情報提供システム　http://www.satsuki-jutaku.jp

図17　サービス付き高齢者向け住宅の登録事項

け住宅を選ぶか、それとも有料老人ホームの方がいいのかといった選択ができるのかといいますと、十分とはいえない面もあります。きちんと契約段階でサービスの内容を説明しているかの確認、そしてそのサービスが提供されているのかといった点を、どう担保していくのか。また場合によっては事業者団体が自ら格付けを行うことも含めて、きちんと入居者の方に役に立つ情報として機能させていくことが、今後の大きな課題の一つです。こちらについては共管省庁の国土交通省と一緒に調査をし、取り組んで参りたいと考えています。

■ 介護保険サービスとの連携

サービス付き高齢者向け住宅が増えている理由として、国として促進策を進めていることもあり、「予算」「税制」「融資」といった、かなり充実した裏付けがあります（図18）。予算は国土交通省になりますが、高齢者等居住安定化推進事業として、2012年度は355億円が計上されています。一例としては、建築費の10分の1を上限とし、1部屋当たり100万円の上限で、民間事業者、社会福祉法人等に直接補助を行うといったこともしています。こういった予算による補助事業に加えて、手厚い税制、あるいは住宅金融支援機構の融資が一体となって、国としても、整備を進めているところです。

登録状況については、右肩上がりで増えており（図19）、2012年11月現在の数字では8万戸を超えています。そこで、質をどのように確保していくのかが課題となるわけですが、図20～23に、2012年8月末時点で登録されているサービス付き高齢者向け住宅の事業者の主体や、戸数等のデータ集をお示ししました。提供されるサービスの内容を見てみますと、全体では食事の提供が94％となっており、大多数の住宅で提供されていることが分かります（図22）。また、図23では全体の約8割に先述したようなサービス事業所等が併設されていることが示されています。

こういったものを活用しまして次にご説明したいのが、介護保険サー

		サービス付き高齢者向け住宅		賃貸住宅	
		措置の内容	条件	措置の内容	条件
税制	所得税・法人税	5年間 割増償却40% （耐用年数35年未満28%）	25㎡[専用のみ] （10戸以上）	なし	―
	固定資産税	120㎡相当部分につき、5年間 税額を2/3軽減	30㎡～280㎡ [専用・共用] （5戸以上）	120㎡相当部分につき、5年間 税額を1/2軽減	40㎡～280㎡
	不動産取得税	（家屋）課税標準から1,200万円控除/戸	30㎡～240㎡ [専用・共用] （5戸以上）	（左に同じ）	40㎡～240㎡
		（土地）家屋の床面積の2倍にあたる土地面積相当分の価格等を減額		（左に同じ）	

《予算》《高齢者等居住安定化推進事業：2012年度予算額355億円　2013年度予算額340億円》
新たに創設される「サービス付き高齢者向け住宅」の供給促進のため、建設・改修費に対して、国が民間事業者・医療法人・社会福祉法人・NPO等に直接補助を行う。
＜補助率＞
　登録住宅　：　新築　1/10（上限　100万円/戸）　改修　1/3（上限　100万円/戸）
　生活支援施設：　新築　1/10（上限1,000万円/施設）　改修　1/3（上限1,000万円/施設）

《融資》《(独)住宅金融支援機構が実施》
○サービス付き高齢者向け賃貸住宅融資
「サービス付き高齢者向け住宅」として登録を受ける賃貸住宅の建設・改良に必要な資金、又は当該賃貸住宅とする中古住宅の購入に必要な資金を貸し付け（別担保設定不要）
○住宅融資保険の対象とすることによる支援
民間金融機関が実施するサービス付き高齢者向け住宅の入居一時金に係るリバースモーゲージ（死亡時一括償還型融資）に対して、住宅融資保険の対象とすることにより支援

図18　サービス付き高齢者向け住宅の供給促進施策

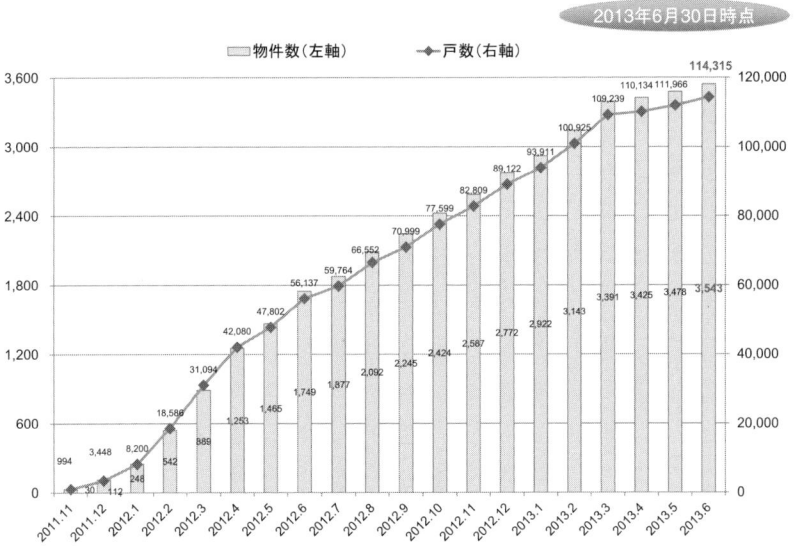

図19　サービス付き高齢者向け住宅の登録状況の推移

- 住宅戸数では、「10戸以上20戸未満(25%)」「20戸以上30戸未満(22%)」が多く、**全体の約8割以上が50戸未満**である。
- 階数では、「2階建(36%)」「3階建(24%)」が多く、**全体の7割以上が2階建から4階建**のいずれかである。

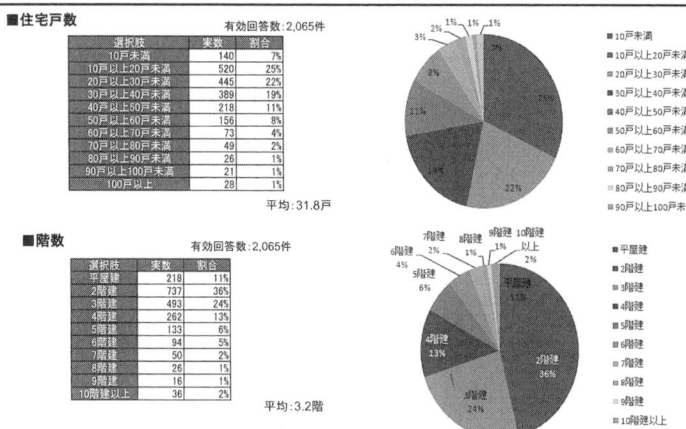

※平成24年8月末時点で登録されているサービス付き高齢者向け住宅の登録情報を基に、国土交通省において集計・分析を行った。

図20　サービス付き高齢者向け住宅の規模

- 法人等種別では、**株式会社(56%)**、**医療法人(15%)**、**有限会社(14%)**、**社会福祉法人(7%)**で**全体の9割**を占める。
- 主な業種としては、**介護系事業者が60%**を占め、次いで**医療系事業者(17%)**、**不動産業者(9%)**となっている。

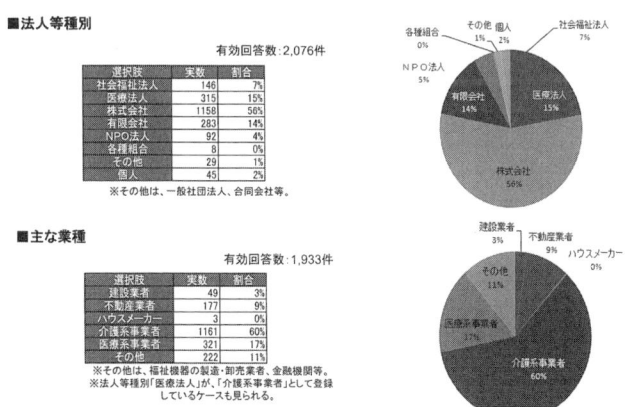

※平成24年8月末時点で登録されているサービス付き高齢者向け住宅の登録情報を基に、国土交通省において集計・分析を行った。

図21　サービス付き高齢者向け住宅の事業を行う主体

- 状況把握・生活相談サービス以外に、**94%の物件において食事の提供サービスが提供**される。
- 入浴等の介護サービス、調理等の家事サービス、健康の維持増進サービスについては、概ね半数程度の物件において提供される。
- **状況把握・生活相談サービスのみを提供する物件は、84件(4.1%)である。**

有効回答数：2,065件

	提供する 実数	提供する 割合	提供しない 実数	提供しない 割合
状況把握・生活相談サービス	2,065	100%	-	-
食事の提供サービス	1,949	94%	116	6%
入浴等の介護サービス	1,075	52%	990	48%
調理等の家事サービス	1,125	55%	940	46%
健康の維持増進サービス	1,284	62%	781	38%

※併設施設等からサービスが提供されているケースが含まれている場合がある。
※2012年8月末時点で登録されているサービス付き高齢者向け住宅の登録情報を基に、国土交通省において集計・分析を行った。

図22　サービス付き高齢者向け住宅において提供されるサービス

○ 訪問介護事業所など、介護保険サービスの事業所を1つ以上併設している物件は81.7%（診療所・配食サービスは含まない）。
○ サービス付き高齢者向け住宅の入居者による介護保険サービスの利用状況については、「居宅介護支援」と「訪問介護」の利用率が特に高い。

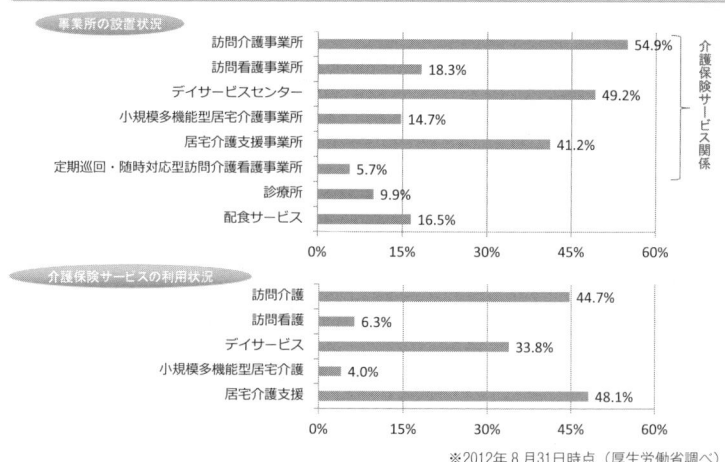

※2012年8月31日時点（厚生労働省調べ）

図23　サービス付き高齢者向け住宅に併設される施設

ビスとの連携です。住み慣れた地域で暮らし続けることを目指すという理念のもと、地域包括ケアを推進しているところですが、その概念をご説明します。地域包括ケアの定義として、「どこに住んでいても、その人にとって適切な医療、介護サービスが受けられる社会へ」ということで、それぞれの住まいを中心に、介護や生活支援、介護予防といったものを切れ目なく提供して、人生の最後までその地域で住まい続けることを目指すということが狙いとしてあります。つまり、地域包括ケアを推進するための住まいにおいての新しい施策がサービス付き高齢者向け住宅である、とご理解いただければと思います。

また、図24・25では、2012年4月から創設されました、24時間対応の「定期巡回・随時対応サービス」の内容をご説明しています。既存の在宅サービスも当然含まれますが、これらを活用していただいて、サービス付き高齢者向け住宅を高齢者の住まいの1つの柱にしていきたいと考えています（図26）。

最後に、有料老人ホームや、サービス付き高齢者向け住宅の入居を予

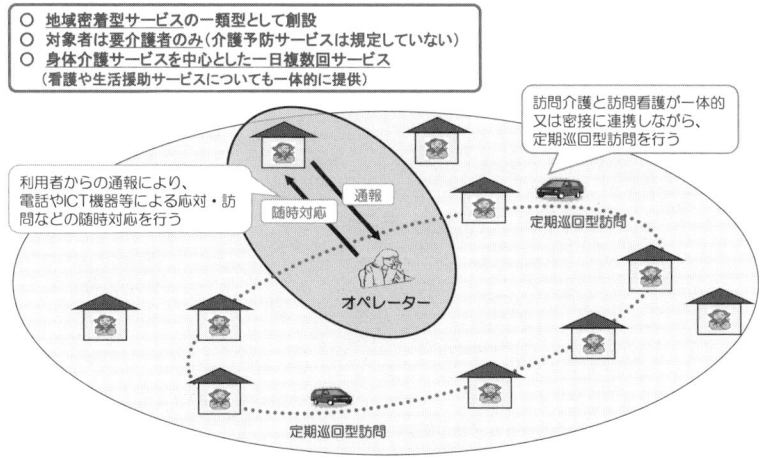

図24　24時間対応の定期巡回・随時対応サービスの創設

○ 訪問看護と小規模多機能型居宅介護の複数のサービスを組み合わせた複合型サービス事業所を創設し、看護と介護サービスの一体的な提供により医療ニーズの高い要介護者への支援の充実を図る。

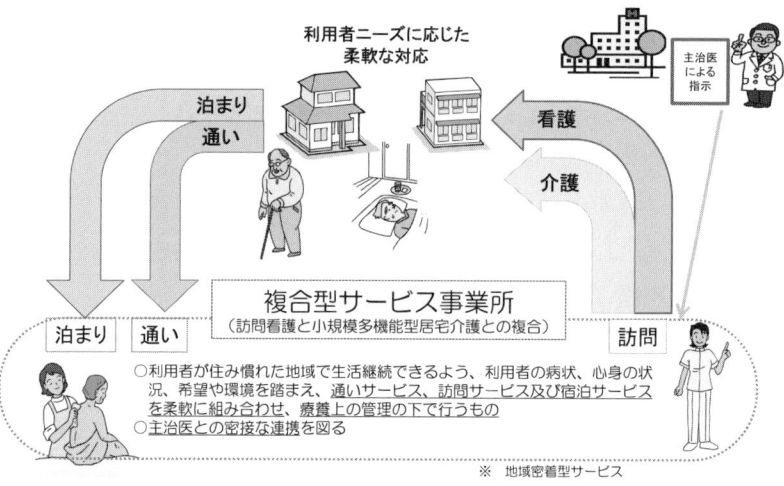

図25　小規模多機能型居宅介護と訪問看護の複合型サービスの創設

日常生活や介護に不安を抱く「高齢単身・夫婦のみ世帯」が、特別養護老人ホームなどの施設への入所ではなく、住み慣れた地域で安心して暮らすことを可能とするよう、新たに創設される「サービス付き高齢者向け住宅」（高齢者住まい法：国土交通省・厚生労働省共管）に、24時間対応の「定期巡回・随時対応サービス」（介護保険法：厚生労働省）などの介護サービスを組み合わせた仕組みの普及を図る。

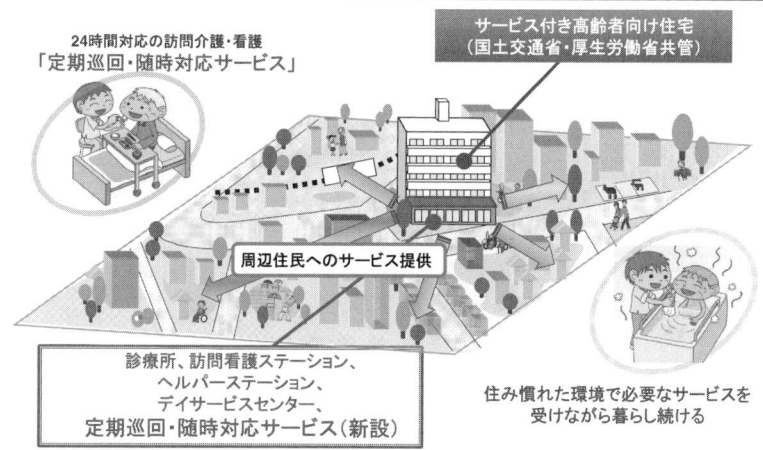

図26　サービス付き高齢者向け住宅と介護保険の連携イメージ

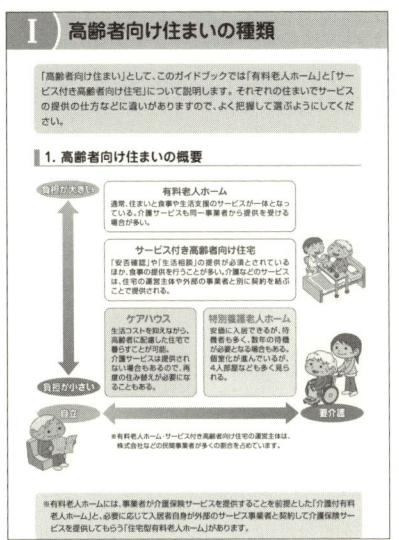

図27　高齢者向け住まいを選ぶ前に―消費者向けガイドブック

定される方の参考になればということで、図27のようなパンフレットをご用意しました。こちらは、有料老人ホームやサービス付き高齢者向け住宅の事業者団体※、消費者団体と連携して作成したものです。各事業者団体や厚生労働省のホームページで閲覧することができます。特に有料老人ホームにつきましては、前払い金の関係等で消費者トラブルになることもありますので、今後の高齢者の住まいを選ぶ際の参考にしていただきたいと思います。

※　「公益社団法人全国有料老人ホーム協会」
　　「一般社団法人全国特定施設事業者協議会」
　　「一般財団法人サービス付き高齢者向け住宅協会」
　　「高齢者住宅経営者連絡協議会」

Chapter 1

（2）だれが「高齢期の特別な住居」の　費用を負担するのか

日本社会事業大学専門職大学院 准教授　井上 由起子

■ 地域包括ケアシステムの意味

　地域包括ケアシステムには、住まい、生活支援、予防（ヘルスケア）、介護、医療という5つの要素があります。

　地域包括ケアシステムには大きく分けて2つの意味があるといわれています。1つは医療と介護の統合です。国がこれまで、政策として推進してきたのはこのレベルでの地域包括ケアシステムです。諸外国もこの考えで行っています。もう1つは、サービスを供給する視点ではなく、利用者の生活の視点から日常生活圏を設定して考えようという意味でのCommunity based care です（図1）。また、その下に Community based care with citizens とありますが、これは、住民が一方的にサービスの受け手であるだけでなく、自分たちでサービスを担っていく存在でもあるという考えに基づくものです。望ましい地域包括ケアは、この点まで考えていかなければならないのではないか、ということで図1を提示させていただいています。

　ここでご理解いただきたいのが、ベースの部分に「基盤としての住まい」があることです。これは、〝住まいは基盤である〟ということを表しています。これに対し地域包括ケアシステムに必要なサービスとして、生活支援、予防（ヘルスケア）、介護、医療の4つがあります。医療は3次医療圏から1次医療圏へと診療圏域を狭くし、一番狭くなったところと介護の圏域とが重なっているのが、お分かりいただけると思います。また、利用者の側からみると、サービスの順番は、住まい、生活支援、

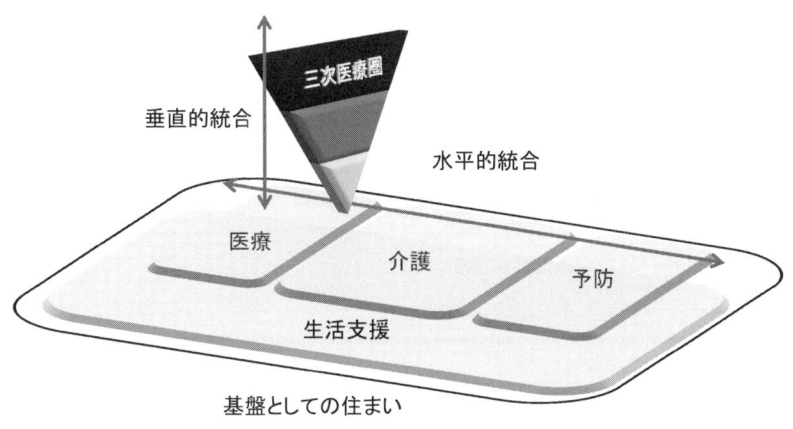

図1　地域包括ケアシステムのコンセプト

予防(ヘルスケア)、介護、医療となります。これは、事業者の方が持たれているイメージと若干違うのではないでしょうか。医療や介護が必要となるのは、ずっと先のことです。

■ 高齢者向け住宅に付帯されるサービス

図2にあるようにサービス付き高齢者向け住宅には、4つの課題があると考えています。上から3つがソフトに関わるもので、1番下が費用に関わるものとなっています。今日は、これらのうち、住宅費用をどう考えるかを中心にお話をさせていただきます。

図3は高齢期のサービスを住まいの視点で整理したものです。付帯されるサービスとして、左に生活支援、介護、看護、医療があります。住まいは、施設系と呼ばれるものと、住宅系と呼ばれるものに分かれます。上の部分が施設系サービスで、24時間介護職員が滞在しています。下の部分が住宅系サービスで、集住しながら在宅サービスを活用するものになります。住宅系のところには生活支援のうち状況把握や生活相談を担

> 課題は大きくは4つ
> - 状況把握・生活相談を担う職員の役割と職能
> - 所属感や自己肯定感を満たす仕掛け
> - 医療や介護を住宅の私有財ではなく地域の共有財にする仕掛け
> - 介護保険対象外の費用負担（住宅+基本サービス）

図2　サービス付き高齢者向け住宅の課題

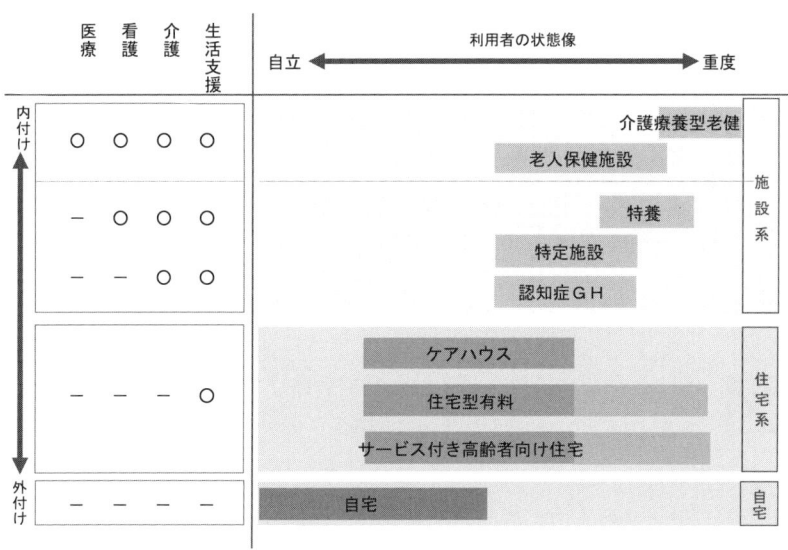

図3　住まいの種別とサービスの付帯のさせ方

う職員が付帯されています。この機能は、介護が24時間ついている施設系サービスでは、自動的に介護保険で賄われています。ところで、この状況把握や生活支援を担うスタッフ、施設の介護職員や自宅の同居家族の役割や機能にどのような相違があるのでしょうか。この点を考えるこ

とが大切です。

　先ほど申し上げた通り、住まいは基盤ですから、保健医療福祉事業をする皆様にとっては、図4にあるようにサービス拠点にどのようなサービスを用意すべきか、という視点が重要かと思います。自宅に対しては医療と介護の双方を届け、場合によっては生活支援も届ける。住宅系サービスには内在している生活支援以外の医療や介護を届け、介護がついている施設系には、医療を届けるといったロジックになります。

　さて、サービス付き高齢者向け住宅の特徴ですが、こちらは大きく5つに分けられます（図5）。1つはバリアフリー住宅であること。2つ目が状況把握・生活相談による基本サービスを付帯していること。3つ目がほとんどの場合で食事サービスを付帯していること。4つ目が医療や介護を建物内外のサービスを選択しながら利用できること。5つ目は、まだ日本では整っていませんが、低所得者向けの家賃補助です。住宅扶助は海

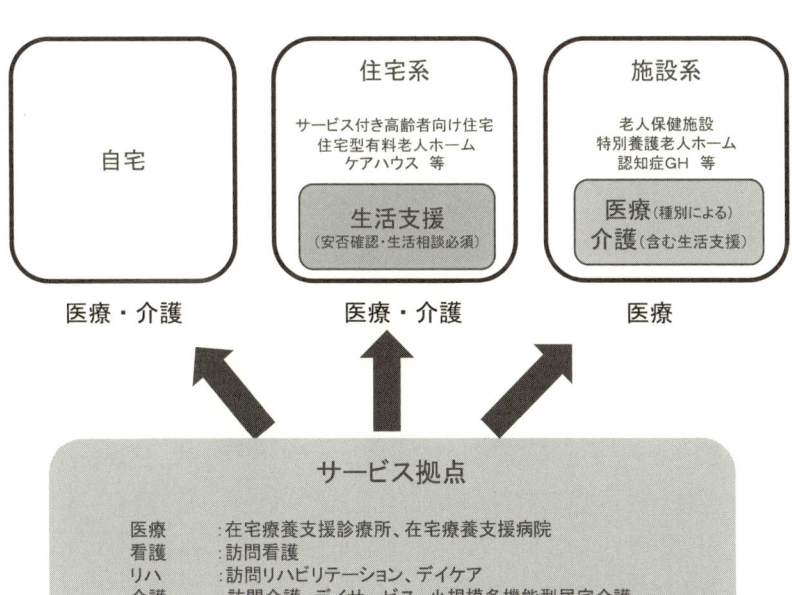

図4　サービス付帯からみた住まいの位置づけ

> ①賃貸借契約に基づくバリアフリー住宅
> ②基本サービスを附帯
> 　（安否確認・緊急時対応・生活相談など）
> ③食事サービスを附帯（配食可）
> 　（利用の選択権は居住者にあり）
> ④介護サービスと医療サービスの提供
> 　（建物内外の事業所から選択）
> ⑤海外：低所得者向け家賃補助

図5　サービス付き高齢者向け住宅とは

外では一般的ですので、日本でも将来的には必要になると考えます。

　図6は、利用者の要介護度に伴ってサービスがどのように必要になるかを表しています。見ていただくとお分かりのように、お元気な時は緊急通報のみで構わないのですが、日中の見守り、夜間の見守り、さらに個別の生活支援サービスや介護も必要になり、この必要量があるレベルを超えたものを私たちは施設と認識している、ということになります。

　図6の上部に示したように、サービス付き高齢者向け住宅は3つの類型に分かれます。1つ目が、食事がついていない高齢者住宅で、昔でいうところのシルバーハウジング、旧高優賃制度を活用したものが該当し、住宅提供を第一の目的とするものです。2つ目が、施設ほどのサービスは必要ないけれど自宅で一人で生活するのは難しいと考える人たちを対象としたものです。いわゆる早めの引っ越しです。3つ目が、施設機能の高齢者住宅でして、実質的には特別養護老人ホーム（以下、特養）まで待つことができない人たちが代替として利用している高齢者住宅です。今の高齢者住宅の多くがこのタイプになります。

　また、これとは別の軸になりますが、費用負担の観点から生活保護受給者等を対象としたものが一定割合存在しています。

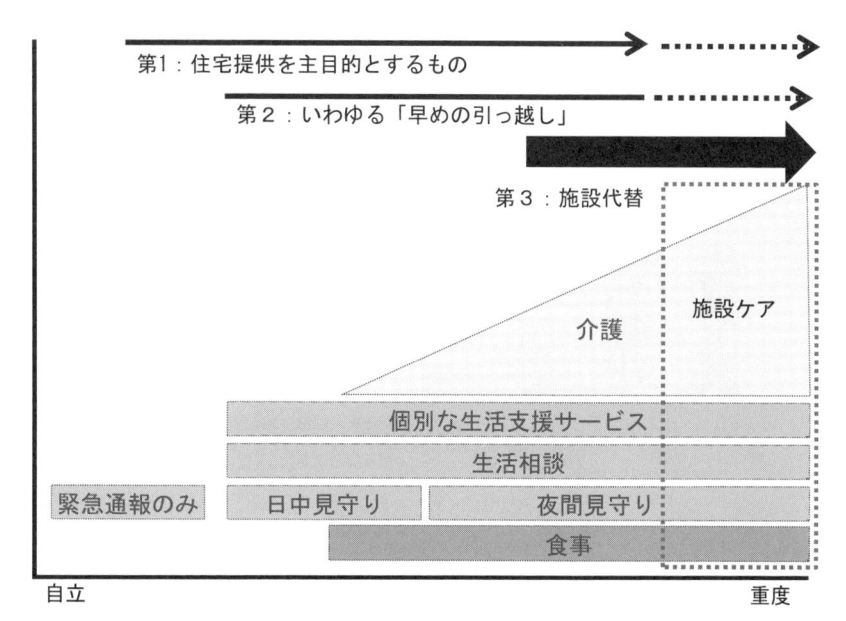

```
               第1：住宅提供を主目的とするもの →  ┈┈┈┈→
                      第2：いわゆる「早めの引っ越し」 → ┈┈┈┈→
                                                       ━━━━━━━━▶
                              第3：施設代替
                                              ┌────────┐
                                              ┊        ┊
                                              ┊ 施設ケア ┊
                                     介護      ┊        ┊
                                              ┊        ┊
                         ┌────────個別な生活支援サービス────────┐
                         │              生活相談              │
    ┌─────────┐┌──────────┐┌──────────┐
    │緊急通報のみ ││ 日中見守り ││ 夜間見守り │
    └─────────┘└──────────┘└──────────┘
                                  │    食事    │
    自立                                                      重度
```

図6　サービス付帯の仕組み

　図7に、高齢者住宅に併設されているサービスをまとめています。介護系のサービスは、約半数の高齢者住宅に付帯されています。医療系のサービス、訪問看護や在宅療養支援診療所などですが、これらを付帯しているものは思いのほか少ないことが分かります。もちろん医療が付帯されていることの価値はあるわけですが、在宅と同様に医療は地域から届けるのでよいとの価値判断もあるでしょう。

　高齢者住宅に暮らしている方の平均要介護度を示したものが、図8になります。サービス付き高齢者向け住宅の平均要介護度は1.80、平均年齢82.6才です。これに対し、住宅型有料老人ホームの平均要介護度は2.50、平均年齢は83.2才です。サービス付き高齢者向け住宅は制度創設から日が浅いこともあり、両者の利用者像は似通ってくると考えられます。2年ほど前のデータになりますが、旧高優賃における状況把握や生活相談を担う職員の配置の違いを見ますと、夜間までの配置ですと平均要介護度は1.71、日中のみの配置ですと1.0を下回ります。

(%)

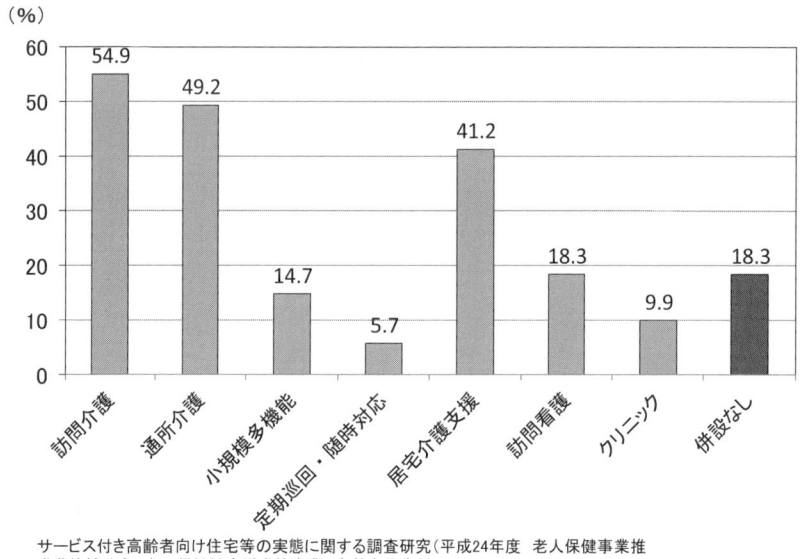

訪問介護	通所介護	小規模多機能	定期巡回・随時対応	居宅介護支援	訪問看護	クリニック	併設なし
54.9	49.2	14.7	5.7	41.2	18.3	9.9	18.3

サービス付き高齢者向け住宅等の実態に関する調査研究(平成24年度 老人保健事業推進費等補助金 老人保健健康増進等事業 高齢者住宅財団)

図7　介護と医療の付帯状況

2012年度調査

サービス付き高齢者向け住宅
・平均要介護度：1.80
・平均年齢：82.6歳

住宅型有料老人ホーム
・平均要介護度：2.50
・平均年齢：83.2歳

2010年度調査

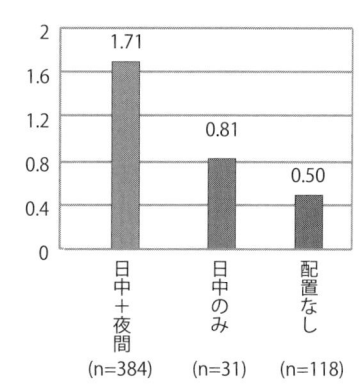

日中＋夜間 (n=384)	日中のみ (n=31)	配置なし (n=118)
1.71	0.81	0.50

左：サービス付き高齢者向け住宅等の実態に関する調査研究
　　（平成24年度　老人保健健康増進等事業　高齢者住宅財団）
右：改正高齢者住まい法施行後の高齢者専用賃貸住宅におけるサービス付帯のさせ方に関する調査研究
　　（平成22年度　老人保健健康増進等事業　高齢者住宅財団）

図8　平均要介護度と状況把握と生活相談を担う職員の配置状況

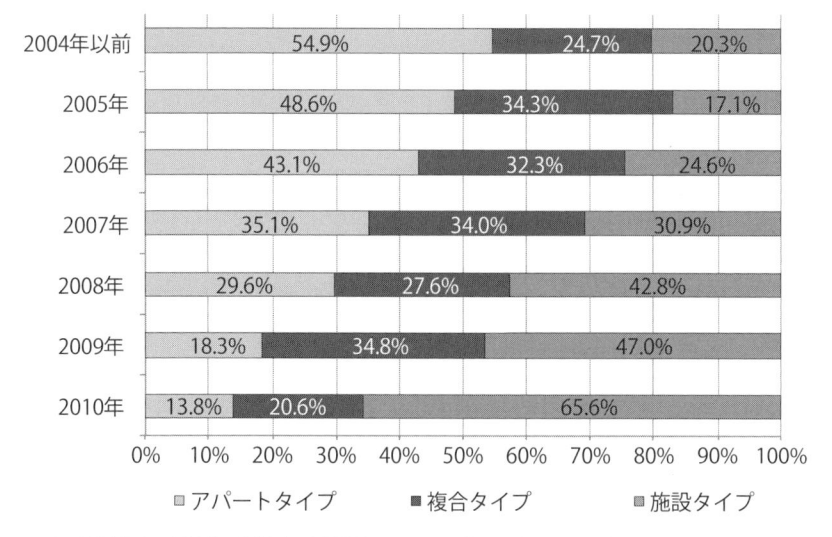

年	アパートタイプ	複合タイプ	施設タイプ
2004年以前	54.9%	24.7%	20.3%
2005年	48.6%	34.3%	17.1%
2006年	43.1%	32.3%	24.6%
2007年	35.1%	34.0%	30.9%
2008年	29.6%	27.6%	42.8%
2009年	18.3%	34.8%	47.0%
2010年	13.8%	20.6%	65.6%

改正高齢者住まい法施行後の高齢者専用賃貸住宅におけるサービスの付帯のさせ方と事業実態の把握及び情報提供のあり方に関する調査研究（平成22年度老人保健健康増進等事業　高齢者住宅財団）

図9　高齢者住宅の建築モデル

　図9はサービス付き高齢者向け住宅の建築タイプを示したものです。アパートタイプ（部屋は風呂やキッチンのついた25㎡以上、生活しようと思えば住戸のなかで生活が完結するワンルームマンションに近いもの）、このタイプは少なくなっています。増えているのが、施設タイプ（部屋が18㎡以下で、食堂と浴室を共有しているもの）です。グループホームや個室の特養の型と似たタイプのものが増えているわけです。

■ 高齢者向け住宅の本来の在り方

　こうした現実を踏まえたうえで、サービス付き高齢者向け住宅の課題をまとめたものが図10です。評価できる点は、住宅とケアを費用負担面を含めて切り分けたということでしょう。この点は、特養をはじめとする施設系サービスの仕組みを変えていくにあたって、非常に重要です。これに対して課題はといいますと、住宅とは呼び難い施設的なハードであったり、状況把握や生活相談を担う職員に求められる役割

```
・評価：住宅とケアのきりわけ

・課題：住宅と呼び難い施設的ハード
     ：状況把握・安否確認に求められるもの
     ：持家厚生年金層向けのモデル開発
     ：低所得者向けの家賃補助
     ：高齢者住宅と介護保険施設の費用負担
     ：具体的な整備目標数の設定
```

図10　サービス付き高齢者向け住宅の課題

```
支払能力がある人の早めの施設
         ↓
施設ほどのケアを必要としない人が
   少しのサポートを受けて
   主体的に暮らす住宅
```

図11　本来、高齢者住宅とは…

とは何かという点が、まずは指摘できます。それから、北欧で見られるような、いわゆる〝早めの引っ越し〟を彷彿とさせる住宅らしいものは、日本の高齢者住宅にはほとんどありません。このことをどう考えるかも課題です。低所得者向けには家賃補助が必要になるでしょう。サービス付き高齢者向け住宅をどの程度供給すべきかは、実ははっきりとは分かっていません。北欧などの整備数を参照して60万戸といわれていますが、

住宅政策が違う日本で同じだけのニーズがあるかは定かではありません。
　高齢者向け住宅とは本来どういうコンセプトのものなのでしょうか。図 11 をごらんください。大都市とその近郊では、特養が足りないという事情があるがため早めの施設になっているという現実があります。施設の代替としての高齢者向け住宅を否定することはできませんが、本来的には施設ほどのケアを必要としない人が、ケアではなくサポートを受けて、主体的に暮らすものが高齢者住宅です。少なくとも、私たちが北欧やオランダなどで見てきた高齢者住宅とはそういうものです。日本ではなぜそのような高齢者向け住宅が増えないのか。その理由はどこにあるかというと、費用負担の問題と住宅政策の違いにあります。図 12 は高齢者住宅の家賃を示したものですが、旧特別区では家賃だけで 10 万円、旧その他地域では約 5 万円です。このほかに、状況把握・生活相談に該当する基礎サービス費が全額自己負担で 2 〜 5 万円かかります。これに

介護報酬地域区分	家賃の平均金額
特別区	104,545 円
特甲地	80,132 円
甲地	71,051 円
乙地	68,459 円
その他	50,009 円

＋

共益費・管理費
基本サービス費
食費
医療と介護の自己負担分
日常生活費

改正高齢者住まい法施行後の高齢者専用賃貸住宅におけるサービスの付帯のさせ方と事業実態の把握及び情報提供のあり方に関する調査研究（平成 22 年度老人保健健康増進等事業　高齢者住宅財団）

図12　高齢者住宅の家賃（介護報酬地域区分別 2010）

食費や介護保険の1割負担などを入れますと、東京とその近郊では15万円では厳しいのが現実です。

図13は施設系サービスと住宅系サービスを身体状況と所得状況からマッピングしたものです。サービス付き高齢者向け住宅は住宅型有料老人ホームと同じ位置にあります。一番右にある特養は所得の高い人から低い人までをカバーする普遍的な居住形態になっています。これに対し、住宅型有料老人ホームやサービス付き高齢者向け住宅は、一定の所得層以上を対象としており、下の層までカバーしていない、すなわち普遍的な居住形態にはなっていません。下の層までカバーしているものには、旧高優賃やケアハウスがあるのですが、いずれも行政負担が大きいため新たな整備がなされていない現状にあります。サービス付き高齢者向け住宅は厚生年金層を対象としていますので、低所得者向けの高齢者住宅をどう整備するかが課題であることが分かります。

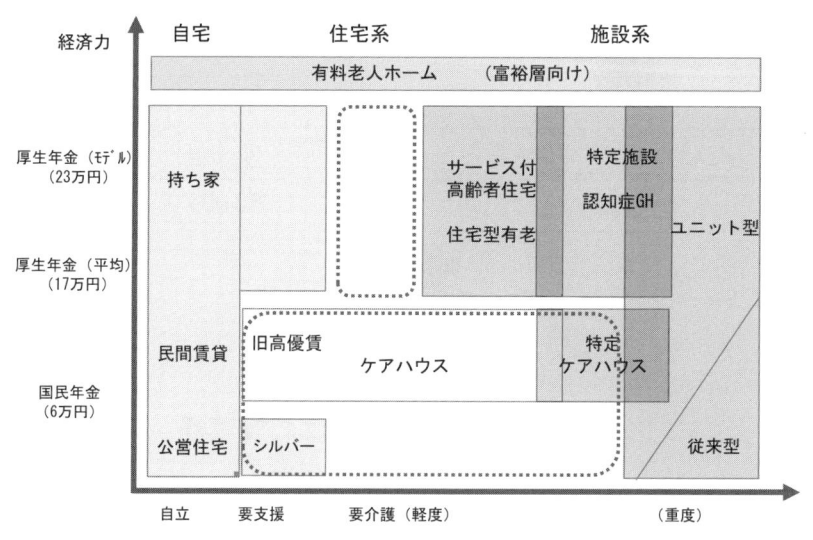

図13　所得と身体レベル

■ 諸外国の住宅政策との比較

先ほど、諸外国では家賃補助や住宅扶助が導入されていることをお伝えしました。この点を図14で説明します。スウェーデン、デンマーク、オランダ、豪州、日本を整理しています。住宅政策には2つの考え方があって、1つは公的住宅を社会の多くの人が利用する政策であり、これをユニタリズムといいます。もう1つは、公的住宅を低所得者向けに限定して、それ以外は持ち家政策とするタイプで、これをデュアリズムといいます。日本は典型的なデュアリズムです。スウェーデンでは公的住宅を社会賃貸住宅と呼び、中堅所得者層でもこれを利用するのが一般的です。この国には普遍的な家賃補助制度がありますが、高齢者向けのサービスハウスや介護住宅は、社会福祉施設ではなく、住宅として整備されています。社会賃貸住宅に家賃補助が適用になるのと同じ仕組みでサービスハウスや介護住宅に家賃補助が適用されます。デンマークも同じ仕組みです。オランダは微妙に違っていまして、施設は住宅で

	住宅政策	普遍的家賃補助	左記の適用 住宅系(介護届く)	左記の適用 施設系(介護内付)	補足
スウェーデン	持家＋社会賃貸	○	○ サービスハウス	○ 介護住宅	どの住居も住宅としての位置づけ
デンマーク	持家＋社会賃貸	○	○ エルダボーリ	○ プライエボーリ グループホーム	どの住居も住宅としての位置づけ
オランダ	持家＋社会賃貸	○	○ 賃貸・分譲	× ケアホーム ナーシングホーム	多くの人が高齢者住宅で最期まで過ごす 施設系は非住宅、低負担で低所得
豪州	持家	○	○ Independentなど	× ハイ ロー	施設系は非住宅。ハイは日本の特養同様、普遍的サービスに移行中。ローは非住宅だが入居金高く、自己負担あり。 住宅系は近年注目されている。
日本	持家	×	× サ高住	×	介護保険施設には補足給付(家賃補助)あり

図14　高齢期の特別な住居と費用負担（諸外国）

はなく社会福祉施設であり、主として低所得者を対象としており、居住費も低廉です。住宅系サービスは住宅として整備され、家賃補助の対象となります。日本は施設に対しては介護保険施設には補足給付があります。住宅系サービスには、今のところ補足給付や家賃補助に該当するものはありません。家賃補助がないのは日本だけでして、これなくして本来的な高齢者住宅の普及はないのではないか、と思うわけです。

図15をごらんください。上が住宅費用、下がサービス費用となっています。自宅、住宅系サービス、施設系サービスの順で費用負担をまとめてみました。持ち家の場合、65歳でローン返済は終わっていますから、フローとしての住宅費用は非常に少なくなります。サービス費用として介護保険の1割負担のみとなります。

住宅系サービスに移ることは、持ち家層にとっては住宅費用が新たに発生することを意味します。施設系サービスの代表格である特養には補足給付がありますから、そうなると、「介護保険施設に移れるまで待とうよ」という動きが主流となり、待てないという場合（待てないのが本人なのか家族なのかはさておき）に対しての住宅系サービスになりますから、施設のようなサービス付き高齢者向け住宅ということになってしまうのでしょう。

高齢者住宅の下のところに「生活支援サービス（自費）」と書いてあり

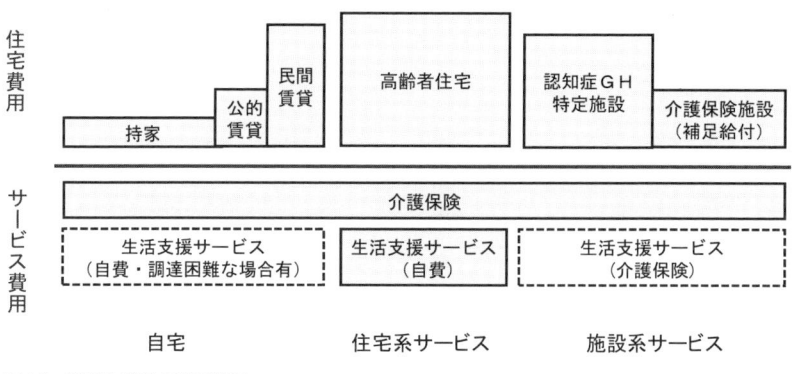

図15 特別な住居の費用負担

ますが、介護保険施設では生活支援サービスが自動的に付帯されていて、しかも介護保険でカバーされています。これに対してサービス付き高齢者向け住宅では全額自費です。サービス費用においても住宅系サービスは負担が大きいのです。

　いま申し上げたことを、持ち家と賃貸でどう違うのかを示したものが図16です。左が自宅、中央が高齢者住宅、右が特養です。持ち家の場合、自宅では住宅費用はかかりませんから負担は低い。高齢者住宅に移ると、かなりの費用負担になりますので、ぎりぎりまで自宅で生活します。やはり、住宅というストックをフロー化する仕組みが必要です。次に賃貸の場合です。日本は持ち家政策をとっていますから、持ち家を確保できなかった人が賃貸住宅に残っているという事実があります。ですから、賃貸の方が高齢者住宅の費用を負担するのは困難な状況にあって、

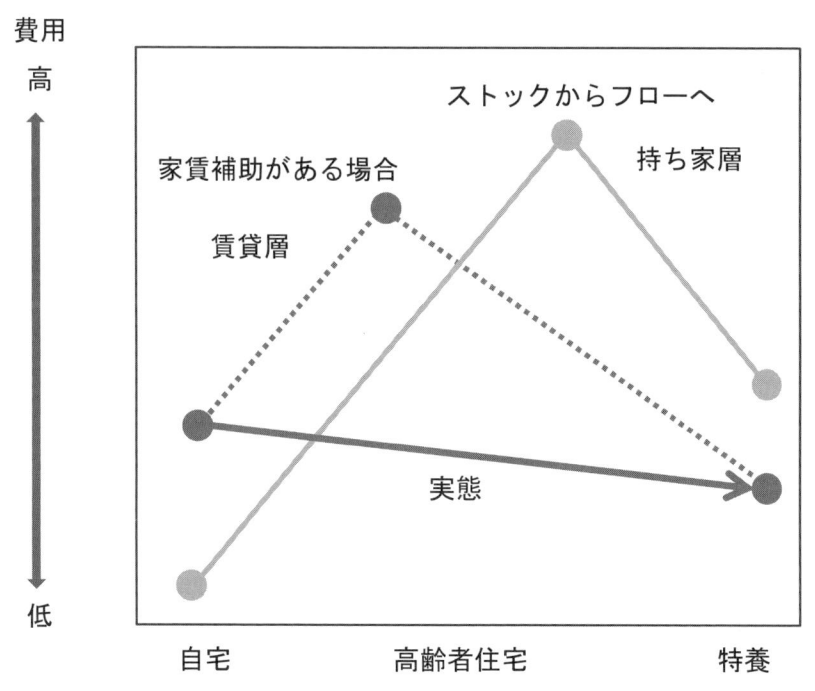

図16　住宅の所有形態別の費用負担

これらの方々は結局移ることができず、施設利用まで自宅に留まることになります。

　しかしながら、ここでちょっと考えてほしいのです。住宅の取得状況によって高齢者住宅に移れるか移れないかが異なるのはおかしなことです。やはり家賃補助を考えなければなりません。と同時に北欧やオランダ並に高齢者住宅を整えるのか、在宅サービスを手厚くするのか、あらためて考える必要があります。

　それともう 1 つ、市町村単位で高齢者住宅の必要量を考える試算がなされていない状況があります。図 17 をごらんください。いくつかの市町村を題材に高齢者住宅を利用する可能性が高い人の数を推計したものです。2025 年の要介護高齢者数を推計し、そこから参酌標準分を除いた人たちの割合を推計してみました。左が首都圏、右が地方都市です。グラフは次のように読んでください。上から単身高齢者、夫婦のみ世帯、同居になります。それぞれで色のトーンが違っていますが、一番色の濃いのが持ち家です。次に濃いのが公的賃貸住宅、薄いのが民間賃貸とな

2025年の推計要介護高齢者数から施設利用者数を除した人数

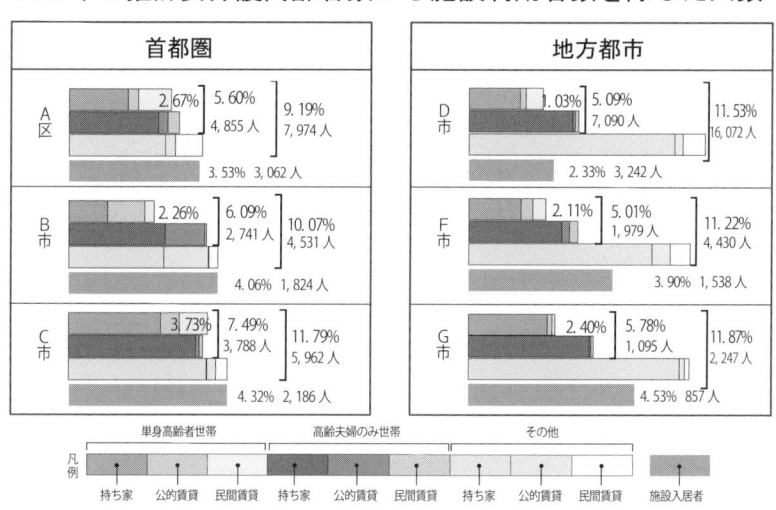

首都圏

A区
- 2.67%
- 5.60% 4,855人
- 9.19% 7,974人
- 3.53% 3,062人

B市
- 2.26%
- 6.09% 2,741人
- 10.07% 4,531人
- 4.06% 1,824人

C市
- 3.73%
- 7.49% 3,788人
- 11.79% 5,962人
- 4.32% 2,186人

地方都市

D市
- 1.03%
- 5.09% 7,090人
- 11.53% 16,072人
- 2.33% 3,242人

F市
- 2.11%
- 5.01% 1,979人
- 11.22% 4,430人
- 3.90% 1,538人

G市
- 2.40%
- 5.78% 1,095人
- 11.87% 2,247人
- 4.53% 857人

凡例：単身高齢者世帯／高齢夫婦のみ世帯／その他
持ち家　公的賃貸　民間賃貸　施設入居者

井上由起子：市場性を備えた良質な高齢者住宅の供給とサービス付帯のさせ方に関する研究（平成20-21年度　厚生労働科学研究費補助金）

図17　利用する可能性が高い高齢者数推計

ります。一般に高齢者住宅は、単身もしくは高齢夫婦のみ世帯で、賃貸住宅に住んでいる人たちが一番ニーズが高いといわれています。例えば右の地方都市では三世代で住んでいる方がたくさんいるうえに、持ち家が多い。サービス付き高齢者向け住宅の需要があまりないと思われます。左はニュータウンのある市、特別区などです。単身の高齢者は、A区、C市が多いですね。A区は民間賃貸も多いですから、こういうところは高齢者住宅の需要が高いといえます。

■ まとめ

最後に図18をごらんください。良質な高齢期の住まいを整備するためには、まず住宅の費用負担の仕組みを整え、アフォーダブルな住居を提供することが基盤として必要です。今日はこの点についてお話をさせていただきました。

そのうえで大事なことを4つあげています。詳しくはシンポジウムでお話ししますが、第一に邪魔されたくないプライバシーを住まいの中に確保しましょうということです。これは個室であると理解してくださって結構です。施設系の住まいにおける課題です。第二に、誰かの邪魔をしたくないプライバシーをつくりましょうということです。これは、仲間がいる状況、邪魔したくない相手がいる状況と理解してください。第

◆ アフォーダブルな住居を保障する

◆ 個を護る（邪魔されたくないプライバシー）

◆ 仲間をつくる（邪魔したくないプライバシー）

◆ 帰属感と安寧を得る

◆ 医療と介護を統合させ、地域の共有財にする

図18　まとめ

三に、帰属感と安寧です。医療や介護は最後に必要となるものですから、本来のサービス付き高齢者向け住宅は、そこに移って誰かの支えとなったり、誰かと一緒に何かをしたりという、帰属感とか安寧を得られることが重要だと考えています。そして最後が、医療と介護を統合させて、それをサービス付き高齢者向け住宅の人だけではなく、地域の人が使えるような地域の共有財産として、見える化していくことです。

2章

サービス付き高齢者向け住宅の モデルケース

Chapter 2

（1）サービス付き高齢者向け住宅に期待するもの〜現状、課題を超え目標に向けて〜

高齢者総合福祉施設 アザレアンさなだ 総合施設長　宮島　渡

■ サービス付き高齢者向け住宅の原点

　私は長野県上田市で、特別養護老人ホーム（以下、特養）を中心に、地域の基盤を、24時間、365日にこだわって事業を続けて参りました。本日はサービス付き高齢者向け住宅というテーマを与えられて、どのようなお話をさせていただいたらよいかを考えましたが、まず、そもそもサービス付き高齢者向け住宅（以下「サ高住」）が、どういうルーツで出発したのかを、少し振り返ってみたいと思います（図1）。

　ご存知の方も多いと思いますが、介護保険制度がスタートする際、5年ごとに見直しをするということが1997年の介護保険法成立のときの約束事とされました。そのときに、現状、介護保険制度がどのような形で動いているのか、そして、この先どういう方向で介護保険を進めていけばいいのかを検討するために、『高齢者介護研究会』が発足しました。こちらは、さわやか福祉財団の堀田力さんが座長で、2003年の6月に報告書がまとめられています。これは2015年には団塊の世代の人たちが65歳に突入するにあたって、今のままの制度でいいのかも含めて見直しを行っていくというものです。その中には4つの柱があります。1つは今、申し上げた通り、団塊の世代を対象としたケアモデルとはどういうものかということです。社会福祉施設から出発した者にとっては、どうしても低所得者や生活困窮者といった方々を福祉や介護の対象としてきましたので、福祉イコール貧しいというイメージが強くありました。しかし、人口の3分の1以上が65歳以上に突入することになると、サービスを普

```
┌─────────────────────────────────────────────┐
│      なぜ、高齢者住宅の話が始まったのか（目標）      │
│                                             │
│  1. 2003年6月「高齢者介護研究会報告書           │
│       ～2015年の高齢者介護 高齢者の尊厳を支える～」│
│    (1)団塊の世代を対象にしたケアシステムへの再構築 │
│    (2)ケアモデルの転換                         │
│    (3)新しい「住まい」                         │
│    (4)地域包括ケアシステム                     │
│  2. 住宅系サービスの伸展                       │
│    (1)高齢者の住宅確保に関する法律の整備        │
│    (2)厚生労働省のシフトチェンジ                │
└─────────────────────────────────────────────┘

┌─────────────────────────────────────────────┐
│       高齢者住宅の課題は何か（現状と展望）        │
│                                             │
│  1. 現状と目標のギャップをどう埋めるか           │
│    (1)施設、入院待機の待合室化                 │
│    (2)医療なし、介護無しで重度者を無理して引き受ける│
│    (3)住居、医療、介護、生活支援での抱え込み      │
│    (4)費用負担の増加を抑える圧力との戦い         │
│    (5)その他                                 │
└─────────────────────────────────────────────┘
```

図1　なぜ、高齢者住宅の話が始まったのか（目標）

遍化しなければならないともいわれており、それが65歳以上の団塊の世代を対象としたケアモデルの構築ということになります。

　2つ目がケアモデルの転換、そして3つ目が新しい住まいの提供、こちらが本日の話のメインテーマになります。4つ目が地域包括ケアシステムです。2010年の介護保険法改正のときに地域包括ケアシステムが注目されましたが、実際には地域包括ケアシステムは、2003年からスタートしております。

　最後に、高齢者住宅の課題は何かということで、4つほどお話をさせていただきます。1つ目は施設や入居待機者の待合室化になっているということ。2つ目は、医療・介護なしで、重度者を無理に引き受けてしまうこ

とが将来懸念されるのではないかということ。3つ目は、住居と介護と医療と生活支援での抱え込みということ。4つ目は、サービス付き高齢者向け住宅は事業者にとって高収入体質をつくっていかなければならないわけですから、市町村にその費用負担が及んでくるということで、増加を抑える市町村と整備を進めようとする事業者の圧力との戦い、などをお話させていただきます。

■ ケアモデルの転換

2003年の高齢者介護研究会報告書のうち本日のテーマに関係するものを抜粋してみましたが、これは団塊の世代とは、どのような人たちなのかが書かれています（図2）。アンダーラインにあるように、

消費と流行を牽引してきた世代が高齢者に

　戦後のわが国では、「団塊の世代」の成長とともに、欧米風のファッションの定着、インスタント食品、外食産業への需要拡大、レンタルやローンの普及など、数多くの流行商品、文化・社会現象が生まれた。「団塊の世代」が小学校高学年〜中学生となっていた1961（昭和36）年にはテレビの普及率が6割を越えた。また、30代半ばとなった1982（昭和57）年には乗用車の普及率が6割を越えたが、このような普及を背景として1965（昭和40）年〜1982年の間に乗用車関連の余暇市場は1,152億円から2兆148億円へと17倍に拡大した。子供時代のテレビを通した全国共通の体験や30第半ば以降の乗用車保有によるレジャー体験、近年のインターネットの利用拡大等は、今後の高齢者としての消費生活にも大きな影響を与えると考えられる。これからの高齢者は、従来の高齢者以上に各々の価値基準に応じて、多様な選択肢の中から主体的に消費を選択していくようになり、多様なニーズに応じたサービス等への要求が高まると考えられる。あわせて、消費者と事業者の間のトラブル防止や円滑な処理への取組の必要性が高まることが予想される。さらに介護保険については、第2号被保険者の時期と合わせた保険料の納付期間が長くなることも加わり、介護サービスの質などに対する要求が厳しくなることも考えられる。（高齢者介護研究会報告書より抜粋）

図2　団塊の世代を対象にしたケアシステムへの再構築

「これからの高齢者は従来の高齢者以上に各々の価値基準に応じて多様な選択肢の中から主体的に消費を選択していくようになり、多様なニーズに応じたサービスへの要求が高まると考えられる。あわせて消費者と事業者の間のトラブル防止や円滑な処理への取組の必要性が高まることが予想される」。団塊の世代はこれまでの高齢者とは全く違い、権利意識が強く自立した個を主張し多様なニーズを持つ世代で、この世代が新たな高齢者層に加わることになります。図3はケアモデルの転換です。これまでは、要介護状態になってからどのように介護していくのかという考え方が非常に強くありました。しかし、この時点で、重度化した人だけを対象にするのではなくて、重度化を予防する、その手前のところにもアプローチしていく必要があるのではないかということが示されています。次に認知症ケアの推進です。要介護認定者のうち、認知症で中等度以上の人が300万人を超えているといわれています。これは65歳以上で

Ⅰ．介護予防の推進
　　「介護＋予防」モデルへ
　→・介護予防対策の推進～
　　・新たな介護予防サービスの導入

Ⅱ．認知症ケアの推進
　　「身体ケア＋認知症ケア」モデルへ
　→・総合的・継続的な認知症ケア支援体制の整備
　　・認知症ケアに関する人材育成

Ⅲ．地域ケア体制の整備
　　「家族同居＋独居」モデルへ
　→・地域における総合的、継続的なサービス提供
　　体制の整備

図3　ケアモデルの転換

いうと10％、実際にはもう少し多く15％、6人に1人くらいは認知症状を持っているのではないかといわれています。3つ目が地域ケア体制の整備とありますが、日本の家族・世帯形態は家族同居がベースになっており、地方都市では高い同居率を保っています。ただ、家族・世帯形態はこれまでの2世代、3世代世帯に限らず未婚の息子さんとお母さん、あるいはご兄弟といった、単身世帯、老老世帯が非常に増えていきます。それらを想定しながらサービス体制を整えていこうということです。特に日常生活自立度がⅡ以上の中等度の認知症高齢者は、ちょうど2015年に将来推計が2002年11月の調査では250万人といわれていましたが、今年8月の調査では推計で345万人ということですから、約100万人くらい増えています（図4）。実際にはもう少し増えているのではないかともいわれています。団塊の世代が75歳以上になる2025年には相当数の認知症の高齢者数になると推測されます。

新しい住まいについては、図5の下のところに注目していただきたい

1.認知症高齢者数
○ 平成22年(2010)で「認知症高齢者の日常生活自立度」Ⅲ(※)以上の高齢者数は280万人であった。
※ ただし、この推計では、要介護認定申請を行っていない認知症高齢者は含まれない
※ 日常生活自立度Ⅱとは、日常生活に支障を来すような症状・行動や意志疎通の困難さが多少見られても、誰かが注意すれば自立できる状態。

[算出方法] 1平成22年1年間の要介護認定データを基に、「認知症高齢者の日常生活自立度」Ⅲ以上の認知症高齢者割合を算出した。2年間データでは同一人物で複数回介護認定を受けている者がいるので、平成15年と同月である平成22年9月の要介護認定データに上記1の割合(性別・年齢階級別・要介護度別認知症高齢者割合)を乗じて算出した。きる状態。(次頁の参考「認知症高齢者の日常生活自立度」参照)

2.将来推計
(単位:万人)

将来推計(年)	平成22年(2010)	平成27年(2015)	平成32年(2020)	平成37年(2025)
日常生活自立度Ⅱ以上	280	345	410	470
	9.5%	10.2%	11.3%	12.8%

※平成24年(2012)を推計すると、305万人となる。　※下段は65歳以上人口に対する比率
(参考　高齢者介護研究会　2003)

将来推計(年)	平成22年 (2010)	平成27年 (2015)	平成32年 (2020)	平成37年 (2025)
日常生活自立度Ⅲ以上	208	250	289	323
	7.2%	7.6%	8.4%	9.3%

図4　認知症高齢者の日常生活自立度Ⅱ以上の高齢者数について

（住み替えという選択肢）
○要介護状態になった時に生活の継続を困難にするもうひとつの要因は、「住まい」である。（中略）
　※このような新しい「住まい」に求められる要件として、以下のようなものが想定される。
　　・バリアフリーの構造を備えている。
　　・緊急通報装置等が各部屋に設置されている。
　　・日常的な安否確認や生活上の相談に応じるサービスがある。
　　・入居者に対して必要なケアマネジメントを迅速に提供できる体制が整っている。
　　・住まいに介護サービスが付帯しているか、又は外部の事業者と提携していることにより、入居者が介護を必要とする時には365日・24時間いつでも迅速に介護サービスを提供できる体制がとられている。

（早めの住み替え）
○「早めの住み替え」の目的は、最期まで住み替えた先の住宅に住み続けることであり、これらの住宅に、いざという時に必要な介護サービスが適時適切に提供されるようにすることは非常に重要である。（中略）いずれにしても、要は「365日・24時間の安心」が確保できるような介護サービス提供体制が用意されていることが重要である。

図5　新しい住まい　自宅、施設以外の多様な「住まい方」の実現

のですが、「早めの住み替えの目的は最後まで住み替えた先の住宅に住み続けることであり、これらの住宅に、いざという時に必要な介護サービスが適時適切に提供されるようにすることは非常に重要である」とあります。いずれにしても、要は、365日、24時間の安心が確保できるような介護サービス提供体制が住宅と共に用意されていることが重要であるということです。

　こういう言い方は失礼にあたるかもしれませんが、箱物（建物）をつくることは、それほど難しいことではありません。しかし箱物の中にいる人たちを支えるサービス基盤をつくることは、最近の人材不足など、さまざまな側面から考えたときに難しい面があります。例えば、我々社会福祉法人が、特養をつくるとします。需要もありますので、積極的にやりたい。しかし働く人がなかなか集まらないという現実があります。ですから施設をつくり、その中に人材を閉じ込めていくのではなく、地域全体に働く人材を回していくような仕組みをこれから考えていかなく

てはならないのです。少ない人材をいかに有効に活用していくのか。ですから、サービス基盤と住まいの基盤との間に、さまざまな落差があり過ぎると思います。住宅整備の方が先に進みすぎているのです。特にサービス基盤がしっかりできていないところに住宅をつくってしまうと結局、重度者まで支えきれないので、途中で病院や特養やグループホームなど施設に預けるという形になってしまいます。

　このときによく言われるのが、住み替えを度々することによって、高齢者の認知症状がどんどん悪化していくことへの懸念です（リロケーション・ダメージ）。支えきれないところで中途半端に支えてしまうと、例えば、グループホームなどで認知症の軽度から中等度の方をお預かりして、支えきれなくなった時、老人保健施設（以下、「老健」）や、介護療養型医療施設（以下、「療養型」）、あるいは特別養護老人ホーム（以下、「特養」）に移っていただくことになっても、なかなかスムーズに進まないということが起きます。ですから必要な人が必要なところで支えきれるような住まいとサービス基盤がないと、どうしてもリロケーション・ダメージを起こすような状況をつくってしまうのです。

■ 地域包括ケアシステムの意義

　特養や介護施設を経営している事業者の方にはお分かりいただけると思いますが、特養というのは、住まい機能とケア機能が一体になっています（正確には住まい機能ではないのですが）（図6）。今後、数多く特養をつくっていくということは、特に地方では行われないでしょうし、また都市部でもあまりにも地価が高すぎるので、介護施設をつくっていくということは、現実的ではありません。そう考えれば、住まい機能とケア機能をバラバラにして、その住まいというモジュールと、ケアというモジュールを地域に点在させて、ふたたびこの2つの機能を合体させていくことが新しい住まいの考え方になるのではないでしょうか。ですから、2003年当時は、自宅なのか、施設なのか究極の選択をしてきましたが、将来的には、施設、自宅以外の新しい住まいをどんどんつくっ

高齢期に住み続けることが可能な住宅が整備され、その時々の状態の変化に応じて、必要かつ適切なケアを効率的に組み合わせてサービスが外付けで提供される。

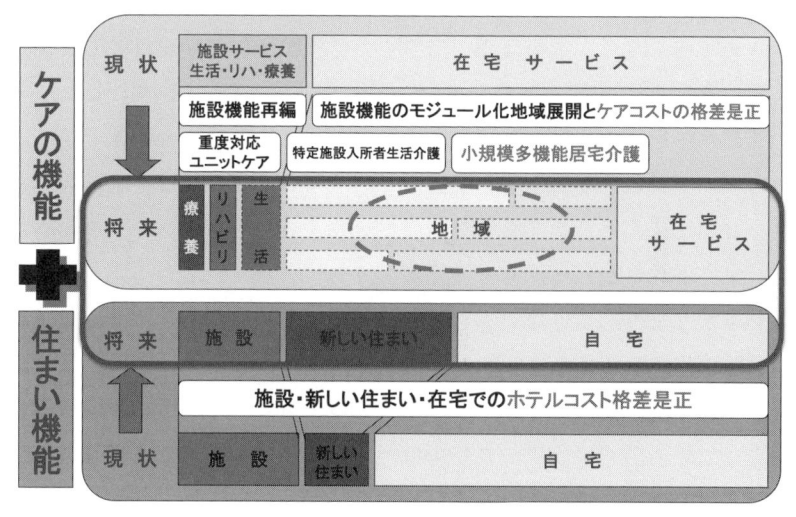

図6 一体となった住まい機能とケア機能

ていこうという流れになっていきます。ただし、それには住まい機能ができるだけであって、この中にはほとんどケア機能はありません。ケアレスの住まいであるため、そこにしっかりと地域で看るようなサービスを付帯させていこうということです。具体的には2005年の改正のときに、夜間対応型訪問介護や、小規模多機能型居宅介護といった地域密着型サービスが新たにつくられています。さらに、重要なのが、地域包括ケアシステムです。地域包括ケアシステムは、いろいろな解釈があると思いますが、私は主に2つあると思います。1つは、生活の継続性をいかに支援していくかということです。これは先述しましたように、その人の状態像に合わせて必要なサービス・資源を使っていくということであれば、どうしてもリロケーション・ダメージが起きてしまって、混乱をきたすということです。例えば、脳卒中で倒れた方が急性期の病院に行って手術をして、リハビリテーションを受けた後に自宅に戻ってくる。

その時に、地域にサービス基盤がなければ、ずっと、病院や施設の中に留まらざるをえないような状況になります（社会的入院）。しかし、病院は退院を促進しています。そうすると、老人保健施設で3カ月、ショートステイで1カ月、を繰り返しながら、徐々に認知症が重度化していきます。その結果、自宅で家族介護のもと地域に戻ることは困難になります。

　それからもう1つは、施設のような集団一括のケアをやめるということです。一人ひとりの生活を支援していくという意味では、地域包括ケアにおいては、個別ケアを重要視しています。これは、サービスが整備されて、これらがしっかりと連携することによって、できる限り地域からお年寄りを外に出さない。もしくは外に出て行ったお年寄りが地域に戻ってきてくれるようにするということです。そのためには、図7にある5つの安心が必要です。これらの安心は、もともと施設の中には組み込まれているのですが、それを全部バラバラにして、それを地域の中で再構築する、こうした地域包括ケアシステムの考え方が、2010年の研究

住居の安心	車椅子を使用するようになっても外出することができるよう、住宅内及び屋外空間のバリアフリー化を確保。
見守りの安心	1人暮しや高齢夫婦のみの世帯を念頭に置いて、緊急時にはスタッフが速やかに駆けつける体制を確保するとともに、住民相互で助け合い、地域で孤立せず、安心して生活できるような環境を確保。
食事の安心	自ら調理することが困難な高齢者を念頭において、配食サービスや家庭料理を手ごろな価格で食べられる食堂などを確保。
医療の安心	24時間体制で在宅医療（往診・訪問看護等）の提供が可能となるよう、在宅療養支援診療所や訪問看護ステーションを整備。
介護の安心	「小規模多機能型居宅介護」を始め、様々なサービス拠点を整備することにより、365日体制で在宅介護を支援。併せて、在宅生活が困難となった場合のために、住み慣れた地域の中に入所・居住系施設を確保。
交流	団塊世代の地域での活躍、高齢者の介護予防、子育て支援、障害者の地域生活支援など多様な交流を図る中で、多世代によるコミュニティ形成を推進。

図7　これからの考え方　5つの「安心」と「交流」

```
┌─────────────────────────────────────────────────────────────┐
│      医療、介護、予防、住まい、生活支援サービスが連携した要介護者等への       │
│              包括的な支援（地域包括ケア）を推進                      │
│                                                             │
│  【地域包括ケアの5つの視点による取組み】                             │
│    地域包括ケアを実現するためには、次の5つの視点での取組みが包括的（利用者のニーズに応じた①～⑤の適切な │
│  組み合わせによるサービス提供）、継続的（入院、退院、在宅復帰を通じて切れ目ないサービス提供）に行われることが │
│  必須。                                                        │
│  ①医療との連携強化                                              │
│    ・24時間対応の在宅医療、訪問看護やリハビリテーションの充実強化         │
│    ・介護職員によるたんの吸引などの医療行為の実施                     │
│  ②介護サービスの充実強化                                         │
│    ・特養などの介護拠点の緊急整備（平成21年度補正予算：3年間で16万人分確保）  │
│    ・24時間対応の定期巡回・随時対応サービスの創設など在宅サービスの強化    │
│  ③予防の推進                                                   │
│    ・できる限り要介護状態とならないための予防の取組や自立支援型の介護の推進  │
│  ④見守り、配食、買い物など、多様な生活支援サービスの確保や権利擁護など       │
│    ・一人暮らし、高齢夫婦のみ世帯の増加、認知症の増加を踏まえ、様々な生活支援（見守り、配食などの生活支援や │
│    財産管理などの権利擁護）サービスを推進                           │
│  ⑤高齢期になっても住み続けることのできる高齢者住まいの整備（国交省と連携）    │
│    ・一定の基準を満たした有料老人ホームと高専賃を、サービス付高齢者向け住宅として高齢者住まい法に位置づけ │
│                                                             │
│  ※「地域包括ケアシステム」は、ニーズに応じた住宅が提供されることを基本とした上で、生活上の安全・安心・健康 │
│   を確保するために、医療や介護、予防のみならず、福祉サービスを含めた様々な生活支援サービスが日常生活 │
│   の場（日常生活圏域）で適切に提供できるような地域での体制と定義する。その際、地域包括ケア圏域については、 │
│   「おおむね30分以内に駆けつけられる圏域」を理想的な圏域として定義し、具体的には、中学校区を基本とする。 │
│   （「地域包括ケア研究会報告書」より）                              │
└─────────────────────────────────────────────────────────────┘
```

図8　地域包括ケアシステムについて（介護保険法23年度改正）

会の報告書の中でつくられています。

　また、本日のテーマでもある高齢期になっても住み続けられる高齢者の住まいの整備という点については、図8の⑤で説明されています。

　地域包括ケアシステムの図（25頁参照）には、もし、自宅近辺での支援で、2次、3次医療圏でサービスが必要になった部分には、そちらで治療を受けたのち、地域に戻れるようになったら、その中で暮らし続けるという、生活の継続性が図解されています。

■ 課題を超え目標に向けて

　次に、私が考えるケア付き高齢者向け住宅の課題をお話しします。高齢者住宅が、施設入所待機者あるいは早期退院者の引き受け先になってしまうということが挙げられます。

　本来は、新しい住まいは、早い住み替えによって、少しでもリロケー

ション・ダメージを少なくしていくということで、そのために必要なサービスを提供、地域の中で確保しながら、生活を継続させていくという考え方でした。しかし、現状では、入所・入院の待機の待合室になってしまっているのです。

　そこで、本来あるべき高齢者を支える住まいという目標とのギャップをいかに埋めるのかですが、「早い住み替え」では、生活や見守りの方を介護、医療支援より重視しています。

　入居当初は自立しての生活や見守りで支えることはできるはずですが、次第に状態度が変化して重度化していくと、住宅機能だけを提供している事業者は、当初自立者の入所が多くなり、それが時間と共に重度化すると、日中のALS（生活援助員）や、夜間の見守りレベルでは、対応できなくなるだろうということです。我々の地域などでも、デイサービスセンターはたくさんあり日中の見守りやお預かり、活動の場は確保されていますが、夜間の介護などが必要になると、住まいだけでは重度化を支えることはなかなか難しくなってきており、要介護度2ぐらいまでが生活支援のみを提供する住まいの守備範囲となります。すると、要介護度3、4、5の人たちは、途中で病院や施設に行かざるをえないというパターンが1つ目として挙げられます。

　2つ目のパターンは、「要介護状態での住み替え」です。こちらは、介護、医療支援が必要な方は、生活や見守りより重介護、医療的処置を重視していくことになります。当初から、要介護状態で入所すると、近い将来、終末期まで看るためには、往診や訪問看護だけではなくて、介護福祉士レベルでの日々の介護や医療的処置がなされなければなりません。仮に介護福祉士や看護職員を配置していない事業者であれば、将来看取りまで責任を持って対応することができず、転院や入院や施設入所の待機待ちになってしまうということです。また、認知症高齢者は、集団生活の中で適切なケアを受けなければ混乱を引き起こし行動障害が出現、住まい機能とALSだけでは対応できず、グループホームなどへの転居が必要になっていきます。そういった方たちを最期まで支えきれるかどう

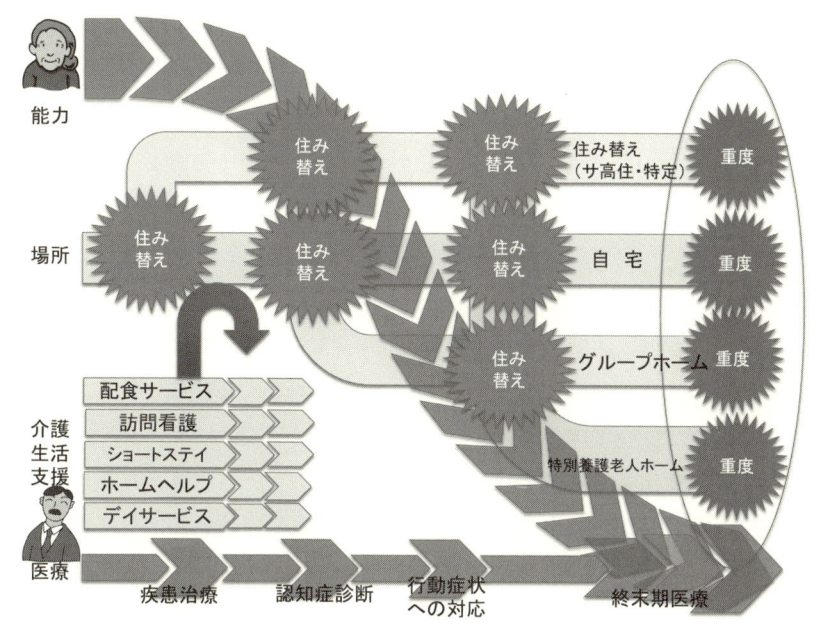

図9 認知症の方の状態の変化と住み替え

かというと、なかなか難しい問題だと思います。

　図9の通り、例えば、アルツハイマー型認知症の方の場合は、一気に能力が下降するのではなく、だいたい7、8年から10年ぐらいかけて、ゆっくり心身の機能レベルが落ちていきます。自宅からサービス付き高齢者向け住宅に移り、症状が悪化するに従って、グループホームや特養に住み替える。そして医療やサービスが並行していくのですが、やはり住み替えということが、どうしても認知症状の状態の変化と共に起きてしまうのです。軽度の方の入退居が頻繁な事業所では、稼働率が上がらずなかなか経営的に厳しいと思います。すると無理にでも重度者を多く引き受けざるをえなくなるという状況が出てくるかもしれません。住宅事業者にとっては、高コストな集合住宅の借金返済や償却費用を賄うことが重要な課題になりますので、特養においても、施設整備コストに関しては、しばらく補助金や寄付で賄われていましたが、2005年からホテ

ルコストの導入があり、利用者の費用負担が介護サービス以上に大きな問題となっています。例えば、個室であれば6万円の室料です。多床室であれば、4人部屋であれば1万円で済みます。すると、「うちの母はどうせ認知症なのだから、6万円は払いきれないので1万円にしてくれ」ということで、むしろ施設では、個室ではなくて、多床室の方が人気があるというような妙な現象が起きています。一方、医療や介護サービスの提供で利益を上げようとする事業者は、重度で医療と介護をフルに利用する利用者の入居を勧めます。しかし、バックアップしてくれる医療やデイサービスや訪問介護サービスなど外部サービス中心では、点の支援や、日中だけの支援ということになりますので、24時間、365日連続したケアが提供されることは不可能です。しかし、特養は、看護、介護職員の人員配置が、利用者2人に対して職員1の配置が義務づけられています。したがって、内側に組み込まれていなければ、要介護度が4や5などに重度化し看取りの時期に入ると利用者を支援することは難しくなってきます。体制をつくらないまま要介護度4から5まで看ようとすれば、もしかすると、放置されてしまったり、身体拘束の温床になりかねない危険性があります。

　次に、事業者が住居、医療、介護、生活支援を提供し、入居者を抱え込むと、24時間、365日の連続したケアが提供されても、地域とのつながりや、日常生活圏域からの移住が基本にならなければ、市町村からの規制の対象になりかねません。例えば、人口5万人ぐらいの地方都市の中でサービス付き高齢者向け住宅を50床つくるとすると、その圏域の中だけで入居者を賄うことは、難しいといえます。すると市外から呼び寄せられた人たちがそこに住むことになり、例えば、我々の地域では、15、6万人ぐらいのところに、サ高住が4から5カ所整備されるとこの地域の高齢者だけではなくて、隣の町や、遠く離れたところから連れてくるといったことになってしまいます。

　サービス付き高齢者向け住宅は、医療費、住宅費、介護費、生活費が利用者の自己負担と保険から収入として得られるので、高収入体質をつ

くることができます。そこで、医療や介護をセットで看ることが重要となりますが、その前提としては地域包括ケアシステムと連動している必要があるということです。サービス付き高齢者向け住宅は都道府県の「高齢者居住安定確保計画」に基づいて整備され登録されますが、特定施設のような、住所地特例がなく市町村内に乱立する危険性も懸念されています。その結果、サービス付き高齢者向け住宅ができることで、市町村の医療費や介護費用を引き上げる原因となりかねません。

　地域包括ケアとの連動の意義は、これまで住み続けてきた地域で最期まで暮らし続けることを目的としており、住まいと医療と介護が必要な高齢者が全国各地から引き寄せられることを良しとしている訳ではありません。高齢者の住宅や医療・介護問題の解決を早急に進める一方で、事業者による入居者の抱え込みに対して、今回の介護報酬改定では住まいに併設したデイサービスの減算や、特定の住まいからの小規模多機能の登録者への集中減算などがあり、今後は定期巡回型訪問看護・介護サービスにも適用される可能性があります。実際にはそこまで提案はされていたのですが、スタートしたばかりのサービスでしたので、今回は減算を行わなかった、ということだと思います。

　そういった意味では、費用負担の増加を抑えたい市町村の思惑や、規制なく乱立するサ高住に対して、法的な規制が強まる可能性があります。今後、高齢者自身や行政が負担を増やして、この高収入体質を続けていけるかどうかは、非常に難しい問題です。特養がある面で人気なのは、住居とケア、看護と生活支援サービスが一体となっており、費用が「丸め」になっているからです。一方、特養の問題は、住むことに主眼が置かれているのではなく、施設機能に重点が置かれていることにあります。今後は、サービス付き高齢者向け住宅も施設同様にさまざまな機能の寄せ集め、特定施設化する可能性がないとはいえません。このように考えると、もっとも合理的な方法は、複合型小規模多機能とサ高住の一体型の経営になるのではないでしょうか。ある市町村では、サービス付き高齢者向け住宅を申請するときに、70％ぐらいが小規模多機能をセットし

て申請してくるそうです。小規模多機能の場合は包括報酬なので、回数に関係なく負担額を決めることができますから、必要度が高い高齢者にとっては、とてもメリットがあります。しかし、事業者側からすると、ヘビーユーザーへのサービスが単価割れする危険性はあります。したがって、必要なときに必要なだけのサービスを提供して、利用者の自立度のアップ、維持が可能になり、満足度も上げられる最大値にマネジメントできるケアマネジャーの存在が不可欠となります。具体的には、ケアマネジメントの原則である、ニーズのアセスメントとチームケアのマネジメント能力が求められるということです。どちらかというと、現在のケアマネジャーは、要介護度4、5の高齢者や行動心理症状のある認知症高齢者など、地域や家族ではたいへんだということで、施設や病院に引きとってもらえれば、常に軽介護者をマネジメントするという動きがあります。そういう意味では、途中でケアマネジメントが途切れてしまい、なかなかケアマネジャーの質が上がっていかないという問題があります。

■ その他の高齢者住宅の課題

その他の課題として、1つ目は認知症ケアがあります。先ほど申し上げたように、かなりの数のご高齢の方が認知症状を発症するだろうといわれています。例えば、年齢が5年刻みで増すごとに、認知症の出現率が倍になるともいわれています。国でも、2012年6月に「今後の認知症高齢者施策のあり方について」で、施策の方向性を提案しています。そして、厚生労働省より2013年からの「認知症施策推進5カ年計画（オレンジプラン）」が示されました。それによると、重度になることで精神病院や施設に入れるという流れではなく、地域の中で認知症の方を支えられるようなケアパスをつくり、その周辺に医療や介護のサービスアーケードを設けていくということが示されています。今後は、認知症の方たちをしっかりとサ高住でカバーできるかどうか、また認知症ケアを特殊なものとして扱うのではなく、高齢者になればいずれは認知症のことを考えざるをえないという状況を、きちんと踏まえておく必要が

あります。

　2つ目は、低所得者への配慮です。ケアハウス・軽費老人ホームなど低所得者向け施設はありますが、サービス付き高齢者向け住宅は今のところ、ある一定の所得層しか対応できていません。その意味では、低所得者対策というのは、非常に重要な問題であるといえます。

　3つ目は、生活支援に関わる職員の資質についてですが、相談援助やケアマネジメント、多職種連携など、要するに高齢者向け住宅といえども地域の中にあるので、フォーマル、インフォーマルなサービスの連携、あるいは、医療サービスと連携をするといったときには、ソーシャルワーク技術や高齢者の健康管理ができる人材が、LSA（生活援助員：ライフサポートアドバイザー）として必要なのではないかと思います。ただ、ケアワーカーやホームヘルパー出身の直接援助者の方たちが大半を占めていることもあり、地域との関わりの視点を持った人材を養成する、あるいは確保するということが、望ましいのではないかと考えています。

Chapter 2

（2）社会福祉施設経営の立場から高齢者の住まいを考える

地域密着型総合ケアセンター きたおおじ代表 　山田　尋志

■ 社会福祉施設経営の立場から高齢者の住まいを考える

　私は「地域密着型総合ケアセンター　きたおおじ」という施設を2012年の8月にオープン致しましたが、そこに至るまでの経緯から、お話しさせていただきます。

　私自身は32年前から特別養護老人ホーム（以下、特養）、あるいは養護老人ホームを運営する社会福祉法人に勤務していましたが、当初は福祉施設の実情を知り、その実態にはかなり驚きました。

　社会の外側といいますか、困窮している人たち、なかなか社会で自立して暮らしていけない人たちを受け入れている、というのはイメージとしてはありましたが、その環境も含めまして、養護老人ホームや特養で暮らしている人たち、特に高齢の女性と、私の母親とを重ね合わせまして、こういう所で私自身が最期を迎えた場合を想像すると、どうにかならないものかと、たいへん強烈な印象を受けました。

　2000年に介護保険制度がスタートして、9月に京都の伏見区に個室ユニット型の「ももやま」をオープンしました。2002年に個室ユニット型特養は制度化され、2003年度以降にオープンした特養のほとんどが個室ユニット型ということになります。

　私自身がももやまをつくったのは、まず、朝、一斉に起きるといった集団生活が、自分は嫌だと思いました。また、馴染んだ家具を持ち込んで1人になれる場所、これは絶対に必要だと思いまして、「施設から住まいへ」という理念を掲げて、ももやまをスタートさせたのです。

その後は、個室ユニット型特養の理論的な支柱であった京都大学の外山義先生たちと「個室ユニットにすると、高齢者施設がこんな風に変わる」といった内容で、シンポジウムにも参加させていただいて、施設から住まいへと変わっていく過程を経験してきました。
　2012年3月に32年間勤めた法人を退職して、「きたおおじ」をオープンしましたが、こちらは、5つの社会福祉法人の共同事業としてつくりました。
　図1の高齢者ケアの推移は、中重度の方をケアの対象としてイメージしています。中重度の方とは、要介護度でいえば、おおむね2から3以上になります。図2を高齢者人口との割合で見てみますと、だいたい要介護度3以上の方の高齢者人口に占める比率は約7%、2以上の方が約10%というのが現状です。
　これから施設をおおむね要介護4以上の高齢者が利用されることになると考えられ、「きたおおじ」でも、まだ新設ですが、平均要介護度で4.2ぐらいですので、要介護度4〜5の方のための特養というイメージに

〜2000年	専門性への黎明期 ➤医療モデル・集団ケア
2000年〜現在	個別ケアとチームケアの時代 ➤社会・生活モデル（個室ユニットの創設等）
これから	コミュニティで中重度高齢者の暮らしを支えるシステムの中心的な存在へと向かう ↓ ➤例；小規模多機能におけるケア

図1　高齢者ケアの推移

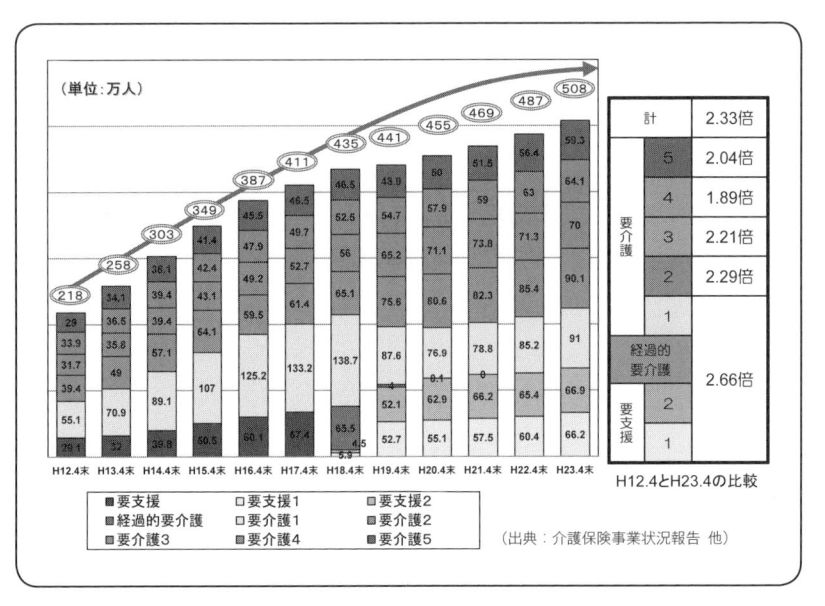

図2　要介護度別認定者数の推移

なっていくかと思います。

　2000年当時の特養、もしくは養護老人ホーム（以下、養護）の職員募集のパンフレットを見てみますと、「寮母さん募集、女性なら誰でもできる簡単な仕事です」と書かれています。そういう意味では専門性への黎明期と書きましたけれども、専門職としての位置づけとしては、十分にされていなかったと記憶しています。

　ところが2000年から、個別ケアの時代となり、一斉におむつを替えるとか、一斉にお風呂に入っていただくのではなく、それまでに暮らしてこられた、ご自宅での暮らし、生活の継続性、あるいは個別性といったことが重要視され、施設ケアが大転換していった、というのが、介護保険制度が始まってからの印象です。2006年から既に地域包括ケアや地域密着サービスへの方向性はスタートしていましたが、2012年4月から施行された介護保険制度の見直しでは、特に医療も含めた、地域包括ケアの流れがさらに強まっています。そういう意味では、これからは、個別

60

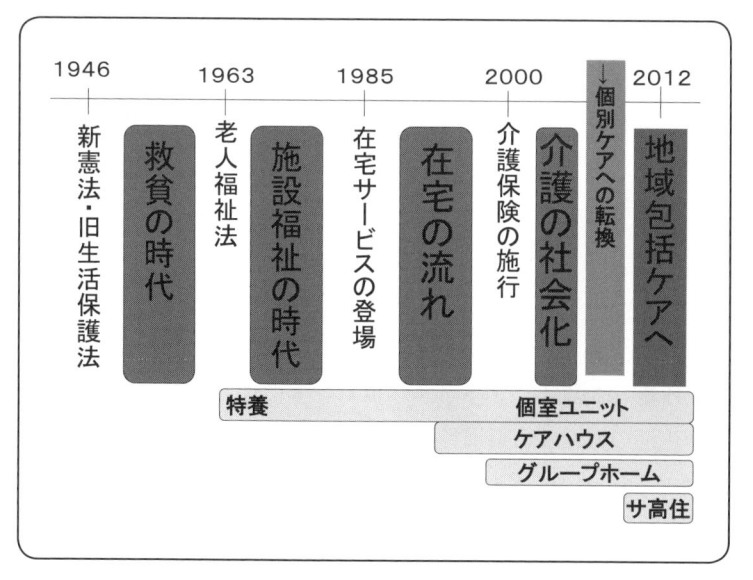

```
        1946      1963      1985      2000   →   2012
                                            個別ケアへの転換
   新憲法   老人   施設   在宅   介護   介護   地域
   ・旧   救  福祉   福祉   サー  保険   の   包括
   生活   貧  法    の    ビス  の    社   ケア
   保護   の        時代   の    施行  会   へ
   法    時                登場        化
        代

                  特養              個室ユニット
                          ケアハウス
                       グループホーム
                                 サ高住
```

図3　高齢者のケアの変遷

特別養護老人ホーム　≻　10.65㎡／1人
　　　　　※個室ユニット13.2㎡から改訂

養護老人ホーム　　　≻　10.65㎡/1人
　　　　　※最近まで3.3㎡
　　　　　※個室化に課題

軽費老人ホーム　　　≻　21.6㎡/1人
　　　　　※経過的軽費、都市型などあり

グループホーム　　　≻　7.43㎡/1人

図4　高齢者福祉施設の居室面積

ケアという、施設に入ってきた方に対するケアから、在宅で暮らしている中重度の方たちに対して、在宅もしくは地域で支えていく、そのような支援の在り方が専門性の在り方の中心課題になるように思います。その在宅というカテゴリーの中に高齢者住宅や、場合によって特養やグループホームも入ってくる。そういうイメージで住まいは語られていくと思います。

　コミュニティの中で自宅を中心に継続して暮らす方へのケアが、本格的に強まっていきますし、介護人材を含めたケアに関わるスタッフ、教育や研修の仕組みも図1にある3つの流れ、専門性の黎明期から、個々の高齢者の生活の継続性、個別性という流れに変わっています。そして2012年度からは、地域で暮らす高齢者を支えていく、地域におけるさまざまなチーム、その中の介護職、看護職という流れに向かっています。

　特養が1963年、グループホームが1997年、そしてサービス付き高齢者向け住宅が2011年10月から始まっていますので、全体として、だいたい図3の流れで高齢者のケアが進んで、サービスも提供されてきたことをお示ししておきます。

　図4は施設の居室面積を示していますが、特養は定員1人当たり総床

（1）環境上の事情は次のア、イに該当すること
　ア、健康状態；入院加療を要する状態でないこと
　イ、環境の状況；家族や住居の状況など現在置かれている環境の下では在宅において生活することが困難であると認められること
　　＊心身の理由を有するものを措置の対象外とするものではない
（2）経済的事情については、老人福祉法第6条に規定する事項に該当すること
　ア、生保世帯
　イ、生計中心者が市町村民税所得割非課税
　ウ、災害その他の理由

図5　養護老人ホーム入所措置基準に関連する規定

面積に割り戻すとおおむね45㎡前後です。サービス付き高齢者向け住宅は、確か1人当たりの面積は35㎡前後だったと思います。専有部分に関して特養は狭いように見えますが、1人当たりの面積が広いのです。居室面積の議論が後退することのないよう、十分な配慮が必要です。

　軽費老人ホーム（以下、軽費）は、一般にはケアハウスと呼ばれています。古くからある軽費のA型、B型とは、経過的軽費老人ホームと呼ばれているものです。養護も軽費も単なる住まいではなく、さまざまな職種の職員が常時配置されていますので、低所得の方の居住費の安価な住まいという捉え方だけではなく、どのような生活支援を担うべき施設なのかという捉え方から、その役割を考えなくてはなりません。特に養護の場合は看護師が配置されていますし、養護と軽費の果たす役割はそれぞれの協議会でもずいぶん議論されているところです（図5・6）。

　やはり今までお話しされた方がおっしゃるように、問題は居住費です。図7には、現在、居住費に関して一定の公的な支援、あるいは介護保険による補足的給付などの実施されている住居がアンダーラインで示されています。サービス付き高齢者向け住宅は高優賃を吸収する形で始まり

軽費老人ホームは、無料又は低額な料金で、<u>身体機能の低下等により自立した日常生活を営むことについて不安があると認められる者</u>であって、<u>家族による援助を受けることが困難なものを</u>入所させ、食事の提供、入浴等の準備、相談及び援助、社会生活上の便宜の供与その他の日常生活上必要な便宜を提供することにより、入所者が安心して生き生きと明るく生活できるようにすることを目指すものでなければならない。

※　軽費老人ホームの設備及び運営に関する基準　第2条　基本方針

図6　軽費老人ホームの入居対象者

```
(1) 介護保険施設
(2) グループホーム
(3) 軽費老人ホーム・ケアハウス
(4) 養護老人ホーム
(5) 有料老人ホーム
(6) サービス付き高齢者向け住宅
    ①居住面積 25平米～、18平米～
    ②建設補助
    ③家賃補助は制度上は残るが・・・
(7) その他
```

図7　高齢者居住系サービス
※下線は居住費支援策あり

ましたが、制度上は高優質の建築・建設助成、家賃補助があり、制度上は残っていると聞きましたが、実体としてのサービス付き高齢者向け住宅の部分にアンダーラインはありません。そうなると高齢者の住居に関して居住費に公的な支援があるのは、（住宅扶助を除けば）介護保険施設による補足的給付と、養護・軽費に対する法的な居住費の助成になるかと思います。

　話は変わりますが、このような例があります。児童館と特養を併設した施設を運営していましたが、学童保育の子どもたちが午後3時になったら帰ってきて、デイサービスや特養のお年寄りに「ただいま」とあいさつして、お年寄りたちも「お帰り」と返すといった場面があります。そして特養のユニットではおばあちゃんに宿題をみてもらっている子もいます。行儀の悪い子は、認知症のおばあちゃんが叱って、というような場面も日常的な風景です。要するにケアとは、専門的な看護師や介護士だけが提供するものではなくて、やはり環境が大きく影響しています。子どもたちとの交流では、お互いにケアし合っているので、お金もかかりません。ここまで、専門職によるケアの在り方や、住居の在り方を述

```
┌─────────────────────────────────────────────┐
│  社会福祉法人共同による地域密着型複合拠点の創設        │
│     ○サービス付き高齢者住宅   6戸               │
│     ○地域密着型特養          29名              │
│     ○短期入所生活介護        10名              │
│     ○小規模多機能居宅介護                       │
│     ○地域交流サロン                            │
│                          ↑                  │
│  ・地域展開先行実施法人の開発支援PTでサポート        │
│  ・共同事業を通じて、参加法人の、地域展開・サービス   │
│   の質・人材・経営の共有化を試行していく           │
│  ・その他の会員施設による地域展開の学習            │
└─────────────────────────────────────────────┘
```

図8 「地域密着型総合ケアセンターきたおおじ」

べてきましたが、人が暮らしを支え合うという視点の大切さ、そういったことも学ぶことができました。

　図8は2012年8月にオープンした、「きたおおじ」の概要ですが、複数の社会福祉法人が、グループで活動する拠点としてつくったものです。自宅の身近なところに安心な住替拠点があり、また、そこには子どもたちを含めたすべての世代が集うサロンがあります。ここのサービス付き高齢者住宅は6戸で、入居者は要介護1か2の方ですが、近隣の方のご利用が多く、6人中半分が家族同居で、半分が独居の方でした。全員、同じフロアにある小規模多機能のサービスを契約されました。生活支援サービスですとお部屋の中に入る訪問サービス等は難しいのですが、小規模多機能の契約をされますと、訪問もできますし小規模多機能に通うこともできますので、たいへん満足度が高いサービスとなっています。現在小規模多機能の登録者は22人ですが、内6人が同じ建物の方ということになります。

　サービス付き高齢者向け住宅で重度になられた場合、中には特養へと考える方もおられると思います。「きたおおじ」には往診に熱心な先生に

一般社団法人京都市老人福祉施設協議会・平成21年7月調査／178事例

小規模多機能型居宅介護

- 本会では,平成18年4月に創設された小規模多機能型居宅介護について,普及・啓発を図るための基礎資料として利用することを目的に,平成21年7月から8月にかけて,利用者の方にアンケートを実施。
- その結果,178名の方から回答をいただき,その特徴的な点について,下記のとおりとりまとめた。

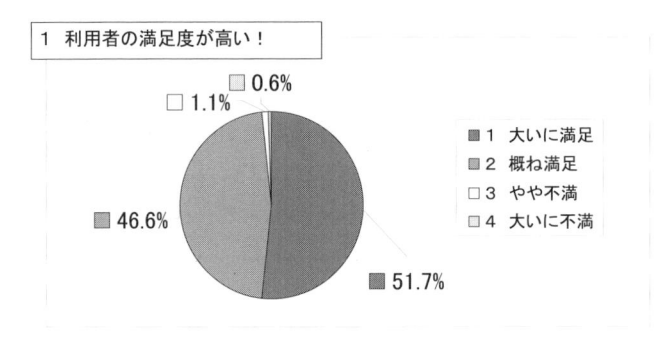

1 利用者の満足度が高い！

- 1 大いに満足: 51.7%
- 2 概ね満足: 46.6%
- 3 やや不満: 1.1%
- 4 大いに不満: 0.6%

小規模多機能型居宅介護

2 利用しようと思った理由より,利用して良かったと感じる割合の方が高い！

項目	利用しようと思った理由	利用して良かった点
1 1箇所を利用すれば済む	34.8%	46.6%
2 利用回数・時間を柔軟に変更できる	63.5%	70.8%
3 何か困ったことが起きたとき,相談できる安心感	58.4%	64.0%
4 重度になっても利用し続けられそう	28.1%	35.4%
5 事業所が家庭的な雰囲気	49.4%	60.7%

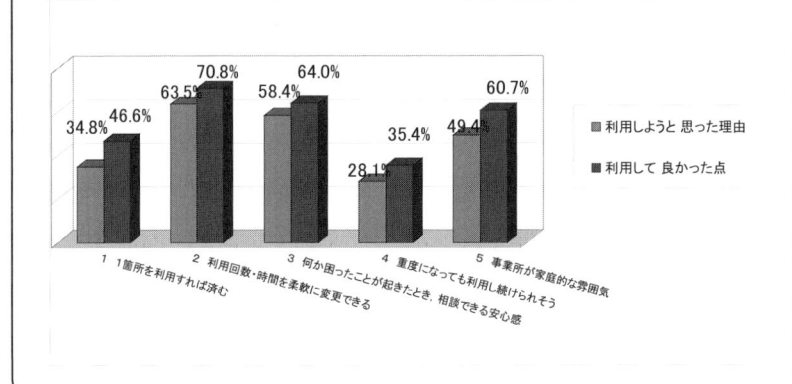

図9 小規模多機能利用者の満足度調査①

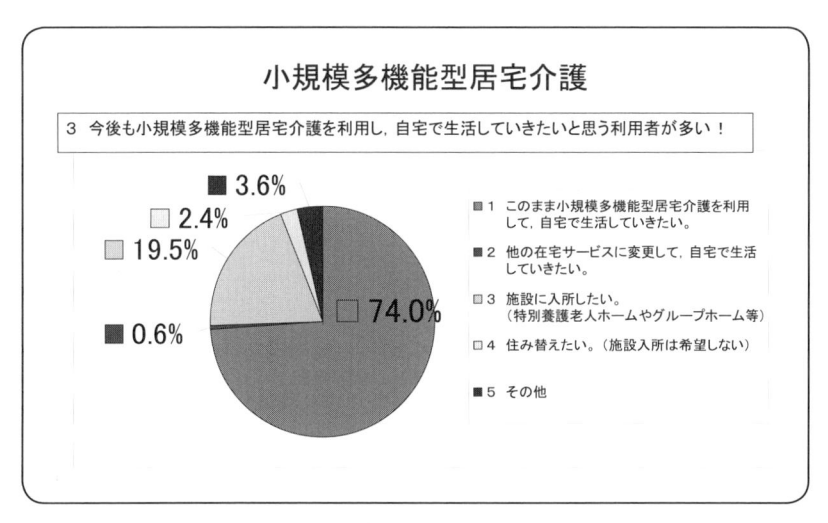

```
                 小規模多機能型居宅介護
   ┌─────────────────────────────────────────────┐
   │ 3 今後も小規模多機能型居宅介護を利用し，自宅で生活していきたいと思う利用者が多い！│
   │                                             │
   │            ■ 3.6%         ■ 1 このまま小規模多機能型居宅介護を利用│
   │         □ 2.4%              して，自宅で生活していきたい。     │
   │      □ 19.5%              ■ 2 他の在宅サービスに変更して，自宅で生活│
   │                            していきたい。                  │
   │                          □ 3 施設に入所したい。             │
   │    ■ 0.6%      74.0%        （特別養護老人ホームやグループホーム等）│
   │                          □ 4 住み替えたい。（施設入所は希望しない）│
   │                          ■ 5 その他                      │
   └─────────────────────────────────────────────┘
```

図10　小規模多機能利用者の満足度調査②

来ていただいていますし、小規模多機能は看護師が常にいますから、最期まで看取ることも十分に可能だと思っています。

　しかし、特養の場合は常に傍に職員がおりますので、その方がいいという方もおられるかもしれません。同じ建物の中にバックアップのセーフティネットがありますが、こういった形はこれから、1つのモデルになるかもしれません。いずれにせよ、このような複合的な専門的サービスと組み合わせた「安心な住居」と住民が集えるサロンが地域の中に多数つくられていけばいいと考えています。

　次に、小規模多機能についてお話しします。図9・10は平成21年度に小規模多機能をご利用いただいている方の満足度調査をしたものですが、京都市内で178人からの回答をいただいて、事業所への遠慮などがないように匿名・郵送方式で事務局に送っていただいたので、バイアスは掛かっていないと思います。

　98％が満足という結果が出ていて、次の棒グラフでは、左がこういうサービスを求めて小規模多機能を利用しました、右側が実際に利用してみると期待していた以上だったということで、①1カ所を利用すればす

> 京都地域密着型サービス事業所協議会・平成23年8月終結時調査／206事例
>
> ## 小規模利用時・終結時の要介護度
>
> 京都地域密着型サービス事業所協議会による「小規模多機能サービス終結者調査」
>
> ◆2010年12月末までに開設した地域密着協「小規模多機能事業所」20施設への調査依頼
> ◆2011/9/18現在　17事業所より　206事例の回答
> ◆終結者206事例のサービス開始・終結時比較
>
> | | 利用時 | 終結時 |
> |---|---|---|
> | 平均要介護度 | 2.56 | 3.12 |
>
> ↑
> 終結時要介護度3,4,5の方が70.6%
>
> ## 小規模「終結者」・利用時と終結時要介護度
>
> | | | 利用時 | | 終結時 | |
> |---|---|---|---|---|---|
> | 要介護 | 1 | 39名 | 19% | 16名 | 8.1% |
> | | 2 | 58名 | 28.3 | 35名 | 17.8 |
> | | 3 | 65名 | 31.6 | 72名 | 35 |
> | | 4 | 28名 | 13.7 | 49名 | 24.9 |
> | | 5 | 10名 | 4.9 | 21名 | 10.7 |
> | 要支援 | 1 | 4名 | 2.0 | 1名 | 2.0 |
> | | 2 | 1名 | 0.5 | 3名 | 1.5 |
> | 平均要介護度 | | 2.56 | | 3.12 | |

図11　小規模多機能と契約解除との関係①

む。②利用回数・時間を柔軟に変更できる。③何か困ったことが起きたとき、相談できる安心感。④重度になっても利用し続けられそう。⑤事業所が家庭的な雰囲気、ということで、これらが、小規模多機能だけではなく、これからのサービス付き高齢者向け住宅に求められる機能かと思います。

　74%の方がこのサービスがあれば、ご自宅で暮らし続けられるということですから、きたおおじのような、サービス付き高齢者向け住宅との

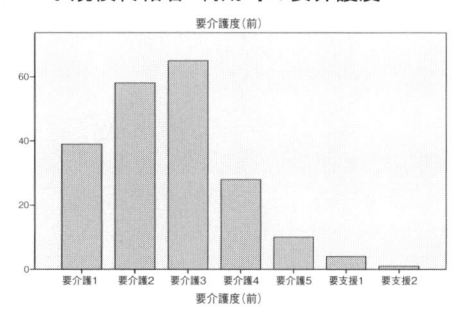

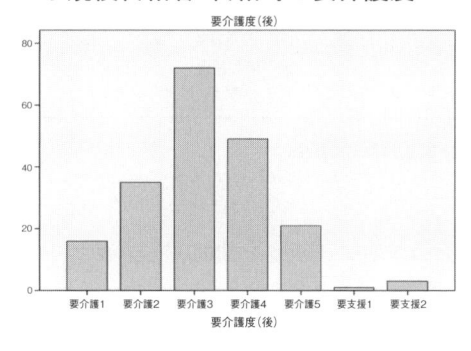

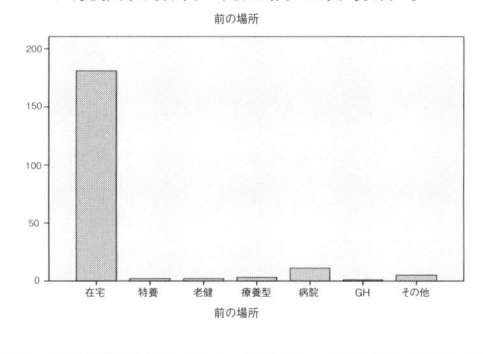

図12　小規模多機能と契約解除との関係②

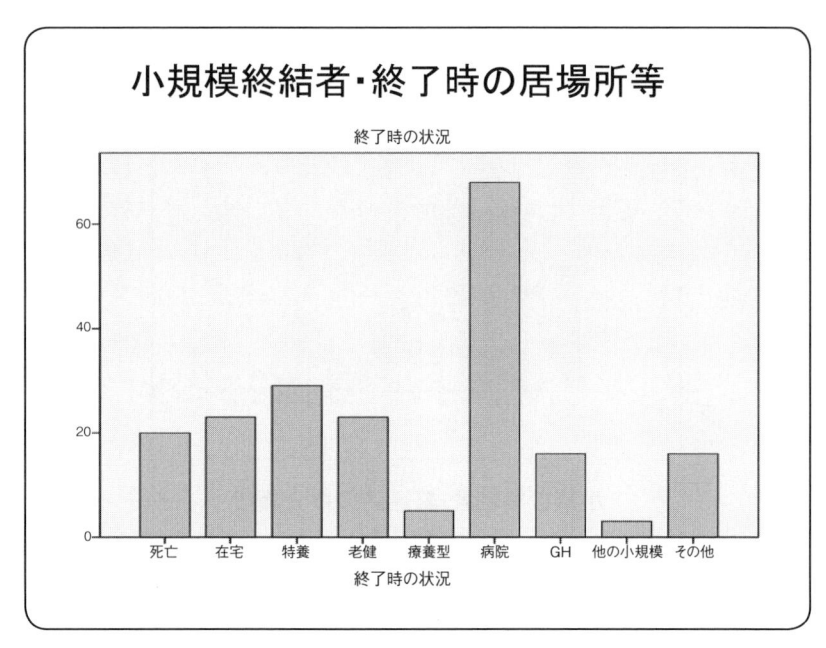

[図: 小規模終結者・終了時の居場所等 — 終了時の状況別棒グラフ。死亡 20、在宅 23、特養 29、老健 23、療養型 5、病院 68、GH 16、他の小規模 3、その他 16]

図13　小規模多機能と契約解除との関係③

組み合わせの場合は、さらに数字を伸ばすと予測しています。

　ただ、小規模多機能が、在宅での暮らしをギリギリまで支える、自宅で暮らせる限度を上げると期待して我々はスタートしたのですが、実際には多くの方が契約解除をしておられます。2011 年の 8 月に、京都地域密着型サービス協議会により、契約を解除した方を調査したところ 206 事例が挙がってきました。

　要介護度がどのくらいで契約解除されているのかを示したのが、**図 11 〜 13** のデータです。小規模多機能をご契約された時の住まいと、契約解除されたあとの住まいを調べました。もちろん、契約された時というのは、ご自宅、あるいは病院を退院される直前ですが、ここでは医療の問題が大きく関わっていることが分かります。

　2012 年 4 月から複合型サービスという訪問看護と、小規模多機能の一体型が新しく創設されましたが、京都市内では、まだ 1 カ所もありませ

> ○地域サロンの意味
> 　➢第6期計画に向けての試み
> ○自宅での暮らしを支える地域密着型サービス
> 　➢都市部におけるサービスのあり方
> ○サービス付き高齢者向け住宅、二つの選択肢
> ○社会福祉法人による地域全体を視る役割

図14　高齢者の住まいとこれからの支援の在り方

ん。既に訪問看護を2カ所やられているところが、新しく小規模多機能を建築しようとしていますが、医療看護系のサービスを一体的に行うニーズが高いことが分かります。

　最後に第6期介護保険事業計画に向けてですが、これからは市町村の時代ですので、自分たちの街がどういうゴールを設定しているのかを事業者と行政が一緒に考えていくことが大切かと思います。もちろん住民の方も一緒にということが何よりも重要なことは言うまでもありません。京都市でも、2011年3月から毎月、我々事業者と勉強会を開催しています。5期計画が2012年4月にスタートしましたが、6期計画に向けて、定期巡回・随時対応型訪問介護看護、あるいは小規模多機能、そして住まいといったテーマで議論を進めています。

　他にも、京都市には地域包括支援センターが61カ所ありますが、センターの圏域ごとに要介護度3、4、5の方が何人おられるか、具体的にどういう在宅サービスでサポートしているのか、モデル地域数箇所のヒアリングすることはどうかなどの検討を始めています。そして、そこにサービス付き高齢者向け住宅等をどれぐらい用意すればいいのか、地域に住

み続けられるかの、イメージの共有を図っているところです。
　図14の3つめ、サービス付き高齢者向け住宅の2つの選択肢とありますが、京都府下にある、サービス付き高齢者向け住宅の、半分が100室前後の大規模型です。私ども社会福祉法人は、生活圏域の中に20室前後の小規模なサービス付き高齢者向け住宅や地域サロンのほか、住民の方が支え合いながら、切れ目のない介護サービスにもつないでいく、そして家賃を低額に抑えるためにどう工夫すればいいのかを検討しています。サービス付き高齢者向け住宅に、いろいろな選択肢をつくっていくための検討が大切であり、そのような新しいチャレンジを社会福祉法人が担うことを期待しています。

（3）「終末期ケア」を捉えたサ高住事業の事業性

カイロス・アンド・カンパニー株式会社代表取締役
（株式会社ユーミーケア前代表取締役）　高橋　正

　ユーミーケアをご存知ない方もいらっしゃると思いますので、会社のご紹介から始めさせていただきます。ユーミーケアは神奈川県の湘南エリアを中心に、現在26棟（平成24年11月現在）の高齢者住宅・施設の運営をしております。平塚市に10棟、藤沢市に9棟というように地域密着性の強い事業モデルでドミナント展開をしております。その高齢者住宅や施設のカテゴリーは多種多様です。介護付き有料老人ホーム、グループホーム、ショートステイといった介護系施設も運営していますが、今日のテーマでもありますサ高住を代表とする住宅系施設が過半という構成で運営しております。そしてサ高住に居住する高齢者へ提供する在宅系介護サービスも、訪問介護、訪問看護、小規模多機能サービス、デイサービスというように多岐にわたって経営していますので、高齢者事業のデパートのようだと言われています。

　私はユーミーケアの代表取締役社長を長く務めていましたが、2012年11月にユーミーケアが学研ココファングループに編入されることになりましたので、それを機会に私は代表及び取締役を辞任させていただいております。

　ユーミーケアの歴史をひも解きますと、引き継いだ事業会社が数社ありまして、そういった会社の分も含めますと高齢者住宅の運営を開始したのは約10年前からです。神奈川県の中堅ゼネコンが母体となり、高齢者向けの賃貸住宅をオペレーションする会社として生まれました。ゼネコンの経営基盤は賃貸住宅（アパート）の建設受注でしたが、長年安定

していました。アパート建築後の家賃保証や建物管理までを一貫受注体制で請負うシステムで、大手企業との違いは徹底した顧客第一主義を実行し成功していたのです。しかし、少子高齢化が進む社会状況下ではいつまでも続くものではないという認識はしていました。10年前から次のビジネスモデルを模索し、賃貸住宅の一貫受注体制のノウハウを生かした、高齢者向けの賃貸住宅を有望視して研究を始めました。私は建築設計部門の責任者をしておりましたので、最初に研究の責任者として白羽の矢が向けられました。設計の責任者であるお前がまずレポートせよとミッションが私にくだされたのです。私は日本中の高齢者施設や高齢者住宅のこれはと思うもの全てを見学に行きました。さらに海外にも勉強に行きましたが、当時高齢者事業を勉強する人は必ずといっていいほど行かれていた北欧ではなく、私が視察先に選んだのはカナダやアメリカの北米とニュージーランドやオーストラリアでした。私は、高齢者住宅の運営を始めるにあたって、我々のポジショニングは住宅屋というアイデンティティの延長上におくべきだと仮説を立てていました。いまさら、福祉のプロフェッショナルが先行している部門を、素人である我々が追いかけても二番煎じのジェネリック商品でしかありません。社内には福祉分野へ進出することへの抵抗が強くあったことも踏まえ、我々の強みを生かした自信を持てる商品を目指したかったのです。リタイアメントライフを楽しむ文化を持ちシニアリビング先進国である北米こそ、私たちが進むべき方向性を示してくれると考えました。実際に行ってみますと、想像以上に私たちを駆り立てる魅力にあふれていました。北米のシニアリビング産業は、高齢者を弱者として捉えた日本の事業モデルとは全く違っていました。北米ではシニアこそ優良資産家であり、ベテラン消費者であるという認識のもとに、見事にビジネスに取り込むことに成功していました。私はその中でも2つの高齢者住宅に感銘を受け、事業モデルとしても大きな可能性を感じたのです。

その1つ目の感銘はカナダで視察旅行中での体験でした。アビィフィールドという非営利団体が運営する定員10人の小さなハウスを訪れた時の

感動は今も忘れられません。10人という小規模ゆえの家庭的で温かみのあるホスピタリティに満ちたハウスだったのです。入居者は一人ひとりが自立し、自己責任の上に暮らしているということをどんなに誇りに思っているかが、入居者の口から自信に満ち溢れて伝わってきました。それまでに視察してきたどんなに豪華な高級ホームよりも魅力的に見えたのです。「自分が入居するならここだな」。私自身が入居というイメージを持てた初めての高齢者住宅です。そして、もう1つはアメリカのCCRCです。CCRCについては後で説明の機会をいただきます。私のビジネスモデルはこの2つの住宅を見たときの感銘が原点です。アメリカのCCRCの合理性とカナダのアビィフィールハウスのホスピタリティは、お互いに相容れない対照的な施設とも見えましたが、私はこの2つの良いところを合わせた事業モデルができないものかと考えました。それが「湘南CCRC構想」です。湘南の街全体を高齢者の理想郷CCRCにしてしまうという大胆な構想です。街の中にとけ込む小規模な高齢者住宅をいくつもつくって、点を面にするほどの施設群をつくります。一つひとつの住宅はコンセプトを全く違うものにする。そして、この施設群を一体的に機能させるために、住宅群を繋ぐソフトとハードを構築するというものです。

　こんな経緯と動機で高齢者住宅の運営をスタートしておりますので、福祉事業の経営をしていると思ったことは一度もありません。特定施設やグループホームも運営していましたが、それは「湘南CCRC構想」において、介護期のライフステージに対応する住まいとして介護保険の一制度を利用したに過ぎません。

　設計者として高齢者住宅プロジェクトを横から支えていた私が4年前にユーミーケアの社長を引き受けた時には、既に地域社会において存在感を示し始めていました。私は「高齢者住宅とは、なにを社会に提供するのか」をもう一度再定義するところから進めることにしました。これが、あとで説明しますユーミーケアのミッションとなり社員たちと共有していくことになります。

私たちが目指すものはシニアリビング事業である、という視点にブレはなかったので、私たちのメインターゲットは元気なシニア層です。しかし、それまでの運営経験で思い知らされていたのは、高齢者は要介護期の高齢者だけでなく、健常高齢者でも健康状態が緊急状態に一変するものだということです。そして一番大事な視点として、現在の医療レベルにおいては、必ず一定期間身体障害者として生きる時間を強いられるということです。その後「死」と向き合う時間を経て人生を全うします。俗に言われる「ピンピンコロリ」はほとんど起こりえないし、それが幸せとは思えません。シニアリビングの事業者は、この「障害者として生きる時間」と「死と向き合う時間」をどう生きるか、この時間に向けての暮らしぶりをコミットできなければ社会的役割を担えず淘汰されると考えるべきです。ここまで定義を整理したところで、事業の本質は見えてきました。我々が向かうべき方向性がおぼろげにも見えたのです。我々は、その支援体制を万全にする整備からまず始めると、優先順位を明確にしました。

　障害期の支援体制を整備するにあたっては、当然その障害内容をキチンと把握しなければいけません。認知症は脳の障害で、高齢者が最も身近に恐れる障害です。しかし、その認知症ですら、はっきりと解明されていません。分かっている病名で分けても多種多様なのに、診断さえ付いていない認知症高齢者が多いことにも驚きます。高齢者住宅の役割をこのように捉えていきますと、介護事業という概念だけではアプローチ出来ません。介護は高齢者を支援する一コンテンツにしか過ぎないのです。

　こうして、我々が目指そうとしていたシニアリビング事業は「家」という「モノ」売りの発想ではまるで見当違いであることが判明する訳です。真髄は「サービス業」だった訳です。高齢者住宅というハコの中で繰り広げられる「暮らし」を創る産業であり、その人の「人生づくりという物語」に参加させていただく「コト」売り産業であると明確に見えてきました。

事業の本質が見えてビジネスモデルも明快になってきましたが、肝心のユーザーである高齢者自身が、高齢者住宅についてはまだまだ未熟な消費者であることも思い知らされ、苦労は絶えませんでした。また、高齢者住宅への意識改革のスピードは恐ろしく速い動きを見せました。まだまだ小さいサイズのマーケットは四半期毎に大きく振れ動き、事業者側はマーケット動向に翻弄されていました。

　ユーミーケアにおける代表的な事例を紹介します。企画段階で自立高齢者向けとしてプランも予算も検討されていた大型の案件がありました。しかし、自立者向けの高齢者住宅の苦戦が続いていましたので、急きょ、介護型の高齢者住宅に設計変更して工事着工しました。工事は1年以上掛かりましたが、この工事期間中に社内の別案件で自立と介護の複合型住宅をオープンさせました。自立型住宅については苦戦を覚悟してのオープンでした。しかし、その自立型住宅はすぐに申し込みが殺到し満室、介護型住宅はジワジワというペースです。「日本もシニアリビングマーケットが開花した、日本の夜明けだ」と我々はハシャギました。そこで介護型へ設計変更していた住宅も、もう一度自立型へとターゲット変更の舵を切ったのです。しかし、半年後にオープンしたこの住宅は見事に大苦戦しました。18㎡の住宅に後付けでさまざまなプログラムを付けたという中途半端な商品性にも問題がありましたが、明らかに自立型住宅への問い合わせも今ひとつでした。問い合わせがコンスタントにくるのは、やはり家で困り果てた認知症の高齢者と老人ホームでは歓迎されない軽度介護者でした。再度ターゲット変更をしましたが、もともと介護者向けとして設計されていますから、ソフトとハードの整合はうまくいきました。8割の稼働が見えてきた頃には介護ニーズに満ちた高齢者でいっぱいでした。特に1階の9室はナーシングルームと標榜したこともあり、重度な認知症高齢者が入居されました。結局、翌年の公募にグループホーム1ユニットと小規模多機能サービスの認可を受けて認知症の高専賃（当時）として広く認知されることになり、地域において存在感がついたのです。ダッチロールとはうまく言ったものです。

「サービス付き高齢者向け住宅」が今回のテーマですが、私はこの言葉そのものに誤解を生む構造があると思っています。住宅という名詞で終わる言葉なので、住宅事業であると勘違いしている事業者がいます。失敗する事業者の典型例です。入居対象者は住宅困窮者ではありません、ほとんどの高齢者は自宅を所有しています。自宅を見捨てなければならない障害を抱えたから、転居されてくるわけです。その障害をカバーしてくれる効率性の良いサービスを期待しての入居、それがサ高住へのニーズです。私はサ高住の本質を言うなら「住宅付き高齢者向けサービス」であると考えます。住宅はサービスを効率よく受けられるための装置なのです。自宅で提供される在宅サービスよりも、質の高い生活をコストパフォーマンス高く買えるメリットを産み出すための集住です。提供側がしっかりと効率性を産み出し、そのメリットをユーザーに還元しなければサ高住の存在意義は限定的です。住宅というハコモノの契約ではありますが、期待しているのはその住宅で繰り広げられる暮らしという物語：コトです。

　図1に示したようにサ高住の仕組みでは、ユーザーである高齢者は賃貸借契約によって住宅というモノの賃貸借契約がベースとなります。しかし、高齢者が期待しているのはサービスです。重要なのは生活支援サービスや介護サービスと医療サービスの契約によって得られる物語：コトです。この「名目」と「実質」の差が問題を産み出します。例えば、自立型住宅に入居する高齢者は、今すぐに介護サービスや医療サービスを必要とはしていません。しかも、いつ必要になるかは本人も分からないのです。入居間もなく脳卒中で倒れて入院、命は取り留めながらも完全な要介護になられる方もいます。今必要のないサービスでも必要となったときには即時提供できる体制を整える、非常にレベルの高いサービス業態です。そうなると外部サービスとの連携も視野に入れる必要があります。社内サービスは熟知しているので一体的に明確なコミットが可能です。しかし、社内サービスが必ずしも最適とは限りませんので、外部サービス利用の活用がサ高住の可能性を飛躍的に高めます。

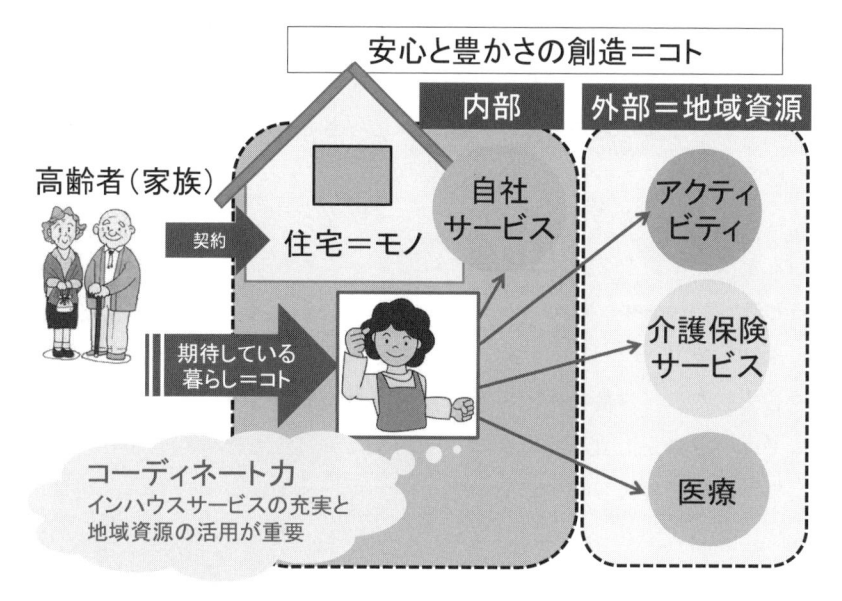

図1　高齢者住宅の商品性：モノではなくコト

　魅力ある商品に仕立てる具体的な方法をご紹介します。1つはエリア戦略による社内サービスの共有化です。エリアごとに在宅サービスを集約して地域に強いサービスをつくり共有していきます。次に住替えシステムです。ユーミーケアでは年間に入居者の1％前後が施設間の住替えをしていました。これは最後の手段であり緊急避難措置として認識をして安易な住替えはしておりませんが、それぞれの住宅がしっかりとした専門性を持てば入居者やご家族から住替え希望を受けるまでになります。その上でどうしても自社では提供できないサービスや自社よりも外部サービスが優位なコンテンツは積極的に外部サービスを使っていきます。そのためには、地域の外部サービスについて日頃から知識を磨いておく必要があります。このような三重構造にすることで、漏れのない、ユーザー一人ひとりにカスタマイズされたサービスが提供できることになります。この提供システムこそ魅力あるサ高住の肝であると考えます。

　素晴しいシステムは構築しても、それをオペレーションするのは人で

す。サ高住の良し悪しはその住宅の管理者（ハウス長）で決まります。特に自立型住宅では、管理者の器量が商品性そのものであると言ってもいいと思います。対応には予知能力、とっさの判断力と行動力、そして地域資源を最大活用できる知識と人的ネットワークが求められるのです。特に医療機関、介護事業者、ボランティアなどの地域資源をどう活用できるかは、単純なスキルの問題ではない、人としての完成度が求められると考えています。このコーディネート力こそサ高住の魅力づくり最大ポイントです。ユーミーケアでは、サ高住にコンシェルジュを24時間配置しました。日常的な中心業務は、入居者の食事作りです。小規模ハウスではハウス長も食事作りのローテーションに入ります。しかし、一番大事な業務は健康管理や緊急対応です。コンシェルジュたちも入居者の異変に気づいてもらわなければいけないので、最低限ヘルパー2級の資格を条件にしておりますが、入居者を最終的に背負って立つのはハウス長です。病院への通院を促したり、往診医を依頼したりとまさに家族のように高齢者の生活をつくっています。しかも、私が言う『職業家族』というポジショニングはプロフェッショナルな家族ですから、日頃から知識を蓄え地域ネットワークをブラッシュアップすることが不可欠です。サービス提供者として内部環境と外部環境を客観的に日常から評価する癖をつけさせています。その中の評価軸として重要なのは、内製サービスは自分たちで産み育てることが可能なのだから、そこは中長期的視点で評価することも大事です。ハウス長に必要なスキルはこういったコーディネート力です。

　介護付き有料老人ホーム（特定施設）を運営する事業者が、サ高住と同じようなカテゴリーである住宅型有料老人ホームを開設運営すると「住宅型は特定施設のような利益が得にくい」とこぼしているのをよく聞きます。高齢者住宅の特性を根源的に理解できていない証拠です。介護型サ高住の収益の柱は、訪問介護事業です。しかし、訪問介護を在宅サービスと同じ感覚でオペレーションしてしまうと必ず失敗します。大事なポイントは訪問介護サービスとコンシェルジュ業務は一体的にマネジメ

ントすることです。在宅サービスのように、利用者一人ひとりを見て人材配置やコストを見てしまうと集住のメリットが見えなくなります。施設単位あるいはフロアユニット単位で収益と人事コストをマネジメントすることです。ここは施設サービスのマネジメントノウハウを導入すべきなのです。要介護者に対しては24時間の包括ケアとして関わるのは当たり前。そうでなければ自宅を捨てて高齢者住宅に転居する意味が無いからです。だから訪問介護とコンシェルジュサービスは一体的にマネジメントすべきなのです。介護型サ高住では訪問介護サービスは、コンシェルジュと一体化した自前サービス以外はあり得ません。囲い込みと批判する人、利益がでないと言っている人は、サ高住を全く理解できていないですね。包括ケアと独占は裏表です。評価すべきは、利用者の利益が優先されているかの視点です。

　サ高住の訪問介護サービスをマネジメントする際にもうひとつ大事な視点があります。図2では横軸に身体レベルを要介護度で表しています

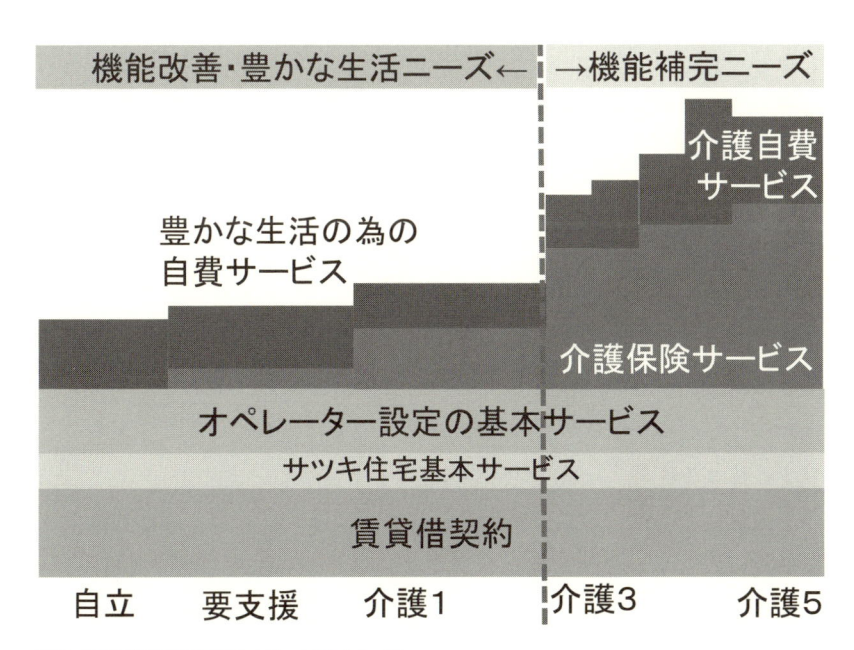

図2　高齢者住宅の商品性：サービスイメージ

が、真ん中に書いた点線の右か左かで全く別の特性を持ったユーザーであることを示しました。サ高住への入居によって、介護保険サービスの消費構造は、全く違うベクトルに二分されてしまうということです。訪問介護サービスには、軽度介護者が主に利用する生活支援サービスと重度介護者が利用する身体介護サービスがあります。生活支援サービスの圧倒的ニーズは、居宅に訪問しての食材調達から調理までを行う食事の提供です。ところがサ高住では食事は完成品で標準提供されてしまいますので、このニーズが欠落します。独居環境を想定している生活支援サービスは、ほぼ使う必要がなくなります。重度介護者が中心に使う身体介護サービスになると、サービスを入れてあげないと生活できません。身体介護サービスのニーズ環境で評価するとサ高住は独居環境と同じです。起床や就寝介助、食事や排泄介助などなど、介護サービスを買い続けていかないと生きていかれません。黙っても介護保険の売り上げが立ちます。ある身体状況を境に、サ高住の入居によって介護保険のニーズがほぼなくなるユーザー、黙っても限度額まで買ってくれるユーザー（しかも特定施設より2〜3割高額）に分かれるのです。オペレーション側のギアチェンジが必要ですが、このギアチェンジは実はとても難しいマネジメントなのです。ユーザーも提供者であるスタッフもうまく切り替えられないのです。軽度介護者は別の視点では、未だ諦めていないユーザーです。機能訓練をまだまだ一生懸命やりたい人たちですから、機能訓練型のデイサービスと組み合わせた方がニーズにピッタリはまります。特定施設では、高齢者住宅への入居によって介護ニーズが欠落した高齢者へも比較的手厚い報酬が付きます。軽度介護者報酬の事業者メリットに支えられて重度介護者が24時間サービスを受けられていると考えるべきです。私はこれを「施設内共済システム」と言っています。

　地域包括ケアは、包括報酬型サービスでのみ成立し得る。これは大きな間違いだと思います。包括報酬型は利用者から主権を奪う制度です。在宅における介護保険サービスの使い方は本当に百人百様です。さまざまな環境要因によって変わるのですが、一番の要因は本人の自助力と本

人の希望です。本人と家族の覚悟によって自立的な生活が貫かれる。これは一番大事にしなければいけないことだと思いますが、包括報酬ではこの視点、評価軸は消えてしまうのではと危惧します。包括報酬の最大の欠点はサービス裁量を事業者側が握ってしまう点であり、事業者側の提供効率や負担感という視点や評価軸になりがちだと考えます。

　サ高住に包括報酬型サービスを組み合わせたら、そこでは施設的（提供者優位・本意）サービスが展開されると考えるべきです。サ高住の魅力は、住宅ならではのユーザー主体のサービスであり暮らしです。本人や家族が望む価値観に沿ったサービス提供が実行されるということ、サービス決定の裁量が100％ユーザーにあるということです。包括報酬ではサービス決定の裁量は事業者側が持つ構造なので、この実現は難しいと考えます。裁量をユーザーに渡すのですが、サ高住に入居する際の最大ニーズは万が一の対応力です。万が一に備えるということは予知能力と予防のマネジメント力も問われますので、事業者側はおせっかいになる必要があります。このおせっかいがユーザーが煩わしいと感じてしまうようでは駄目です。空気のように見守ることが最高のサービスだと思います。欲しいときに欲しいサービスがすぐに提供される。個人の特性、嗜好、健康状態を何気なく把握してくれていて、先回りの、行き届いたサービスを望んでいるのではないでしょうか。優秀なホテルマンを自分のために雇う。そんなサービスを望んでいるんだと理解しています。

　図3で示しましたのは、ユーミーケアが運営する高齢者施設や住宅の規模と対象者の身体状況の分布をプロットしたものです。大きく3つのカテゴリーに分けております。ユーミーリビングのブランド名で展開しております住宅は、自立者向けの小規模住宅です。12室という小規模はユーミーケアぐらいしか運営できないと自負しております。介護者向けの住宅がシニアメゾンというブランドです。このカテゴリーは、さらに軽度介護者向け、認知症対応型、医療ニーズ対応のホスピス住宅（シニアメゾン・メディカル）に分けられます。そして各エリアの基幹施設となる大型の複合施設を、レジデンスタウンやメディカルタウン（医療モー

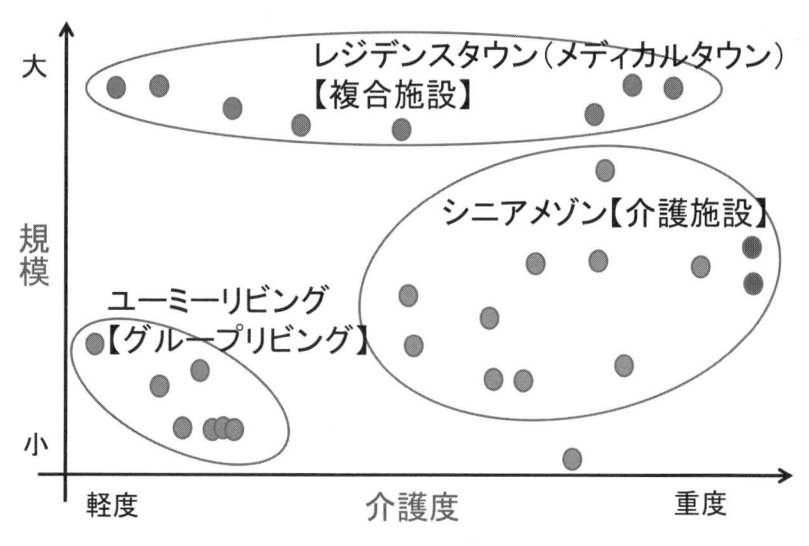

図3 一貫運営とした当社住宅群のセグメント別分布

ル併設) というブランドで展開しております。

　複合施設には訪問介護事業所が併設されていて、そのエリア内の住宅全てに提供する訪問介護サービス及びコンシェルジュ業務のマネジメントを行います。エリア内で自立期から介護期、そして終末期のために最適な暮らしを支援し、そのステージごとに最適な住宅がご紹介できる環境を整えています。

　図4はユーミーケアの高齢者住宅にご契約いただいた高齢者のデータです。自立型住宅、介護型住宅、医療型住宅に分けてデータ化しております。年齢の分布を見ますと、どのステージでも80歳代の高齢者が60％以上を占めております。自立型住宅とその他の住宅でも平均年齢は80歳前半で、1～2歳程度しか変わりません。この事業を始めた頃の我々のイメージでは、70歳代で自立型住宅へご入居されて、10年くらいは自立型住宅で生活し、その後徐々に介護型住宅や医療型住宅へ転居していただくというものでしたが、現実は自立型住宅の入居期間は短い方が多いのです。富裕層向けの高額老人ホームでは20年も30年も過ごし

■入居者の年齢構成（セグメント別）
※平均年齢はほぼ変わらず、80歳代が中心顧客

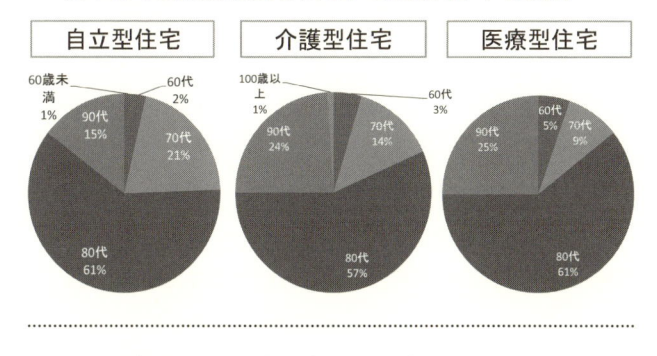

自立型住宅
- 60歳未満 1%
- 60代 2%
- 70代 21%
- 80代 61%
- 90代 15%

介護型住宅
- 100歳以上 1%
- 60代 3%
- 70代 14%
- 80代 57%
- 90代 24%

医療型住宅
- 60代 5%
- 70代 9%
- 80代 61%
- 90代 25%

■入居者の男女比（セグメント別）
※男性比率の高い施設・住宅はコンセプトが
　しっかりした優良施設

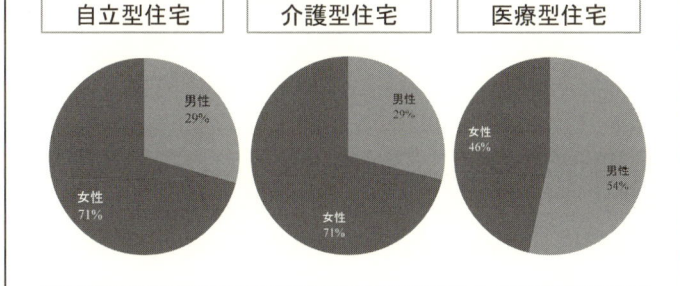

自立型住宅
- 男性 29%
- 女性 71%

介護型住宅
- 男性 29%
- 女性 71%

医療型住宅
- 男性 54%
- 女性 46%

■入居者の介護度（セグメント別）

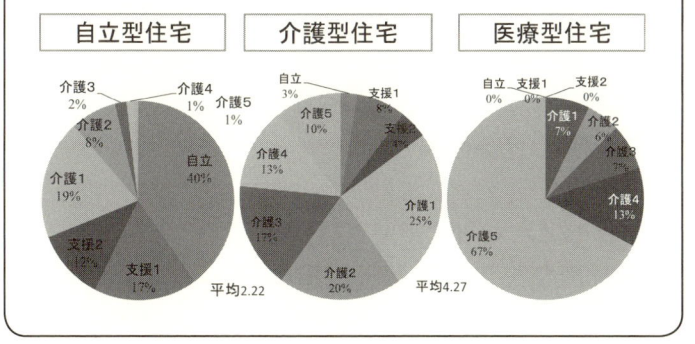

自立型住宅
- 自立 40%
- 支援1 7%
- 支援2 12%
- 介護1 19%
- 介護2 8%
- 介護3 2%
- 介護4 1%
- 介護5 1%

介護型住宅
- 自立 3%
- 支援1 8%
- 支援2 4%
- 介護1 25%
- 介護2 20%
- 介護3 17%
- 介護4 13%
- 介護5 10%
- 平均 2.22

医療型住宅
- 自立 0%
- 支援1 0%
- 支援2 0%
- 介護1 7%
- 介護2 6%
- 介護3 7%
- 介護4 13%
- 介護5 67%
- 平均 4.27

図4　当社住宅の入居者像

サービス付き高齢者向け住宅のモデルケース

ているユーザーが居ると聞きますが、ユーミーケアの自立型住宅の入居者については、介護は必要ないが、何らかの疾病があるような方が多く入居されてきます。そのため、短期間に身体状況が激変される方も多いという特徴があります。がんを患っている方、心疾患を持っている方、脳卒中を繰り返している方、こんな方が多いのです。こういった疾患を持っている高齢者は多いと思いますが、この人たちは重度の認知症を合併していなければ、至って普通に暮らしています。介護レベルでいうと要支援1・2、介護1程度ではありますが、前述したようにこのレベルの方は高齢者住宅に入居することで自立になり、介護施設での生活は合いません。また、独居にしても家族がいても重大な疾患を持っているので心配です。まさに万が一に備えてくれる住宅が必要とされていると感じます。

　図5はユーミーケアが、高齢者住宅を運営するにあたって大事にしてきた3つの基本コンセプトです。この3項目をしっかり構築できれば、ユーザーに信頼され、高稼働、高収益を実現する高齢者住宅になります。

**当社のアイデンティティとなる
三つのコンセプト**

1　ミッションから共有しよう
　　…高齢者住宅の使命と覚悟…

2　私たちのポジショニング
　　…職業家族の立ち位置とは…

3　エイジング・イン・プレイス
　　…ケアセンターシステム（終身ケア）…

図5　当社の三つのコンセプト

1番目はミッションの共有です。今までお話ししてきたような、高齢者住宅の担う社会的使命とは何なのかを常に確認し、ユーザー様との向き合い方を、ぶれのないようにします。運営現場で、判断に迷うようなことがあればこの原点に立ち返って考えるように言ってきました。高齢者住宅の使命とも言うべき、ミッションとは「万が一の対応力」であるとしています。ここで言う「万が一」には2つの意味があると考えるべきです。1つは体調の急変時、いわゆる非日常的なアクシデントが起きた時のことです。脳卒中で倒れた、発熱が続いた、下血や吐血などの重大な急変時にスムーズに医療機関にアクセスして命を救うという万が一に対応するというミッションです。もう1つは、入居者は経年変化に伴い身体レベルが落ちていく訳ですが、認知症になってしまい他人に迷惑を掛けるようになってしまう状況や重大な疾患などで重い医療ニーズを背負ってしまった場合です。これらは本人も望むべくしてなった状況でもないし想定外の状況であり、万が一の対応力が問われるべき時だと思います。ところが、この単純なミッションを実現できている住宅は少ないのが実情です。「終の住処」という文言をよくパンフレットで見ることがあります。私自身この言葉は好きではありませんので、使ったことはないのですが、こういった宣伝をしている住宅の多くが、認知症になってしまった入居者が徘徊してしまったり、他人の部屋に入ってしまい迷惑を掛けるようになると退去勧告をしているようです。あるいは、入院して重い医療ニーズを背負ってしまうと、24時間看護体制ではないので入居を継続するのは困難であると通告しています。でも、本人も家族もこういった状況が心配で入居されたんだと思います。その一番肝心な時に事業者側がギブアップしてしまう。これでは高齢者住宅の存在価値をなくしてしまいます。高齢者住宅の社会的役割、ミッションが共有されていない証拠です。
　ユーミーケアでも当初は大きな失敗をしています。自立型高齢者住宅からスタートしましたので、普段は介護が必要ではない軽度介護の元気そうな高齢者が多く入居されてきました。我々はコンシェルジュを配置

するも、入居者には「どうぞ自由にお暮らしください。病院も薬局も使いやすいところを使ってください。特に指定はありません。」と言うアナウンスをしていました。しかし、実際には重度な疾病を持っていますから、入居後に急変対応が頻発します。しかし、住宅内で倒れたという状況でも我々ができるのは救急車を呼ぶくらいでした。しかも、救急隊に対して何も情報を与えられません。自由に勝手に病院に通院してもらっていたので、どんな疾病か、どこの病院に通っているのかさえ知りませんでした。こうなると救急車も受け入れ先を探すのに苦労します。2時間救急車が出られない、こんなことが続きました。残念ながら助からない入居者もいたのです。この事実に私は愕然としました。この人たちってこういうときこそ助かりたいという思いで高齢者住宅に転居されたんだろうけど、我々はその価値を全く提供できていない。これに気づいたときから、私たちは出しゃばり過ぎない程度の「おせっかい」になるべきだと考えました。予知ができ、予防ができる、万が一の時にはきちんと対応ができなければ、我々は高齢者住宅と名乗ってはいけない。これが「万が一の対応力」をミッションとし、認知症にも終末期ケアに対応し、家族なんだから自宅への入居を断らない、自宅から追い出さないという当たり前の方針確認をしています。

　2番目として、私たちのポジショニングを常に確認し忘れないことです。私はユーミーケアの職員には「私たちは職業家族である」と話してきました。プロフェッショナルとして知識やスキルを磨き、家族として最期まで看ると腹を括るのです。そして本当の家族からは一歩引いた立ち位置で、本人と家族の意思決定を促し尊重していくのです。私はサ高住には包括サービスを付けるべきではない、という基本スタンスを持っていますので、私が運営するサ高住に入居しただけでは独居アパートに住んでいるのと大差ありません。ここでご家族に確認します。「我々はオーダーをいただかないと動けない、在宅サービスを利用しております。公的保険適用に上限はありますが、必要なだけサービスを提供いたしますが、まずはご家族がどれくらいご参加いただけるかを確認させてくだ

さい」という話からスタートです。家族によっては毎日交代で泊まり込んで、最期まで寄り添った家族もいました。海外赴任中で国際電話のやり取りだけで、高齢者住宅に来られたのは亡くなる1週間前だけという家族もいます。それぞれの家族の介護力に違いがあって当然です。10の内8をやれる家族には我々は2を足していきます。1しかできなければ9を足せばいいのです。それが0.01でもいいのです。本人が居て、本当の家族が居て、その廻りを我々が隙間無く囲い込んであげることが大事です。当事者を中心に同心円で囲むポジショニングで「職業家族」が生きてくるのです。

　このポジショニングに我々オペレーターが肝に命じなければいけない大事な要素があります。包括報酬で成り立つ介護施設では、この同心円の関係が築けません。入居と同時に施設側が全てを請負う構造になり、家族ははじかれます。これは施設側が無限責任を負う構造でケアに関わらなければいけないことを意味します。これでは踏み込んだ関わりやケアはできません。サ高住では主体者である本人や家族の自己責任に基づいた意思決定から全てが始まります。経口摂取への切り替えなど、本人も家族も切望する生活を実現するには、このポジショニングでなければ取り組みにくいところです。施設側のやる気がない、と切り捨てられるだけではかわいそうな構造をはらんでいるのです。

　請負型の施設では、家族は参加できる余地がなく家族は外巻きに要求を述べるしかありません。しかし、施設は施設に配置されたクローズな人的資源でしか対応できないので自ずと限界があります。この家族側の要求に対する、施設側の対応に限界があるという関係性は永遠に平行線なのです。だから施設はクレームになりやすい構造になっています。サ高住はどうでしょうか。同心円型に本人、家族を中心にケアが実行されていきます。家族は自分たちが主体者であることを毎回思い知らされます。そして無事に看取りができた時には、家族の手で見送ることができたという達成感の喜びに浸ります。家族による看取りを助けてくれた我々職業家族に対してはとんでもない感謝が寄せられます。要求したのにやっ

Continuing Care Retirement Community

自立期のアクティブなライフスタイルを中心に介護期から終末期まで、継続してケアを受けられる高齢者専用コミュニティ

図6　アメリカ合衆国におけるCCRC

てくれない施設、自分たちの手で看取るという一大イベントを手伝ってくれて、導いてくれたサ高住のスタッフさん。この違いは想像以上のものです。

　3番目はエイジング・イン・プレイス（地域居住）です。私はアメリカのCCRC（**図6**）という高齢者のコミュニティを視察した際にとても感動しました。2000人〜3000人規模の高齢者のためのコミュニティですが、施設づくりの視点がインディペンデントリビング（健常者向け高齢者住宅）のためのコミュニティだという点で貫かれていたからです。しかも、ライフステージごとに機能分化されていたアメリカの高齢者住宅にあって、他の施設に移ることなく最期までの生活が保証されていたので、これこそ我々が目指すべきゴールであると感嘆しました。私が訪問したCCRCの1つをご紹介しますと、2000室のインディペンデントリビングと500室のナーシングホーム（認知症や終末期のための住宅）から構成されていました。ナーシングホームはインディペンデントリビングの入居者には普段目に触れない位置にあります。しかし、誰もがその存在を知っています。何よりもの安心感だと言っていました。クリニックや薬局まで施設内に完備していましたから、全ての人がここで一生を終えるということです。インディペンデントリビングの居室は1〜2LDKで、アメリカのマンションとしては小さめかもしれませんが日本の老人ホームとは全く次元が違います。住まいと呼ぶからには、この程度の住まいとしての品質はあるべきだ、と痛感しました。

　さて、このCCRCは素晴らしいものでしたが、このまま日本に輸入可能かと考えれば答えはノーです。日本の郊外に、こんな大型の高齢者だけのコミュニティをつくっても日本の健常高齢者は移転してこないでしょう。地域に住み続けたい、は日本の高齢者だったら誰でもが思うことです。「縁の中で生きる」のが日本人の文化だからです。では、住み慣れた街の中に散在する住宅群でCCRCと同じ機能を持たせたらどうか、と考えました。日本で1000坪を超える土地を確保するのは大変です。しかし、アパートを建てるような300坪前後の土地ならいっぱいあります

91

し、サブリース方式で展開する際には、建てていただくオーナーさんにとって投資しやすい額になります。いい事ずくめです。早速日本に戻り、展開を始めたのが湘南CCRC構想でした。道路を廊下に見立て、無料シャトル便を走らせることで施設同士が有機的に繋がることもできました。入居に掛かる費用も一時金と月次利用料を整理し、とにかく最初に入居した住宅で入居一時金180万円を支払っていただければ、施設、住宅をユーミーケアの中で移転しても次からはこの一時金は徴収せずに住替えシステムが機能しやすいように変更しました。この住替えは他事業者ではうまくいかないという話もよく聞きますが、ユーミーケアではとてもうまく機能していました。それは住替えがユーザーの利益を優先するもので、オペレーター側の都合で動かされるものではない。この思想がスタッフにも利用者様にも浸透していました。それぞれの住宅が高い専門性を持っていたからです。認知症対応の住宅では、認知症の方を不穏にすることなくしっかりと見守りできる設計になっていましたし、認知症を改善する、認知機能を維持するための、さまざまな取り組みをし

図7　平塚東ケアセンター

ておりました。認知症になったらその住宅に住み替えた方がいいケアを受けられるという価値がスタッフにもユーザーにもしっかりと認知されていたのです。

　図7は平塚市の東部地区の施設マッピングです。5棟ある高齢者住宅が、それぞれ特徴を持ち終末期までどんなステージにも対応できる住宅群で構成されています。このエリアではまだ自立期の住宅の拡大余地はありそうです。

　このような手法で現在では90％後半の稼働率を維持しております。サ高住という無限の可能性を持った住宅だからこそ、終末期のケアまでを見据えた地域居住を可能とするケアのシステムができたのだと確信しております。高齢者住宅マーケットはまだまだ未成熟です。これから新しいシステムや商品が出てくる度に消費者や社会は変化していくと思います。今は成功している商品が明日には陳腐化されたものになる可能性もあります。常に市場と社会を見据えてしなやかにブラッシュアップしていくことが一番大事なことではないでしょうか。

3章

シンポジウム
―サービス付き高齢者向け住宅の
新たなビジネスモデルを求めて―

〈お願い〉
　このシンポジウムの内容は当日のシンポジウムとは少し異っています。高橋先生、宮島先生、山田先生のご発言の一部は前章に掲載させていただきました。シンポジウムの再録の中に参照頁を明記しましたので、その箇所をお読みいただきたく思います。**(監修者)**

Chapter 1

サービス付き高齢者向け住宅の
新たなビジネスモデルを求めて

コーディネーター　京極髙宣
助言者　井上由起子
シンポジスト　高橋　正、宮島　渡、山田尋志

■ はじめに

京極：本日はお忙しいところ、皆様に多数お集まりいただきまして、誠にありがとうございます。日赤振興会講習会「サービス付き高齢者向け住宅の現状と課題」の主催者を代表しまして、御礼申し上げます。

　私はかつて、㈱福祉総研の会長を務めていました関係から、長年にわたり日赤振興会と提携して本講習会を開催してまいりました。第1回の講習会が1999年で、あれから13年も経ちまして、今回で第27回目ということで、よく続いたなと感慨深く思っています。これも一重にご参加いただいている皆様方のご支援の賜物でございます。

　実は前回の春の講習会の時に、この次は是非、サービス付き高齢者向け住宅について取り上げて欲しいという要望が複数ありました。私も時宜を得たテーマだと思っていましたが、今、各地にどんどんサービス付き高齢者向け住宅が建設されていて、これは非常に新しい現象だといえます。基調講演でも厚生労働省の深澤課長から総括的なお話（本書第1章（1））がありましたし、併せて日本社会事業大学の井上先生からは建築家としての立場から詳しいお話（本書第1章（2））をいただきましたが、こうした総合的なお話は、日赤講習会ならではと思っております。

　また、宮島渡先生には、前々回の講習会にもお越しいただきましたが、

地域の現場で最も先進的な取り組みをされています。本日は時間の都合で駆け足になってしまいましたが、社会福祉法人の代表として、宮島先生のようにサービス付き高齢者向け住宅の中身からその意義まで話せる方は全国的にみてもほとんどいないのではないかと思います。

　私も3年前に浴風会ではじめて理事長として現場監督をさせていただいておりますが、どちらかというと、ご案内のように、日本社会事業大学の学長を10年間務め、国立社会保障・人口問題研究所の所長を5年間務めまして、主に社会福祉の教育研究の世界で仕事をしてきました。ですから実際の現場の話をしてみろと言われると、極めて立場が弱いわけですが、最近は一所懸命勉強もしておりますので、シンポジストの先生方の仲間に入れていただいて、お互いに大いに議論を深めてまいりたいと思います。

　シンポジウムに入る前に、サービス付き高齢者向け住宅が、多様な住まいの展開において、どういう意味があるかについて、私なりの印象というか、感想を申し上げたいと思います。というのは、私が本格的に社会福祉の道に携わりましたのは1975年で、日本社会事業大学の教員になってからのことです。それまでは、建設省や経済産業省などの関連のシンクタンクの仕事をしておりまして、例えば、科学技術が産業技術とどういう関連を持っているかを総合的に示す技術連関表の開発などに携わっていました。

　その道では有名でして、当時、経団連会長の土光敏夫さんなどに褒めていただきまして、土光さんの紹介で日立の総合研究所の部長がわざわざ大学を出て間もない私のところを訪ねていただいた、なんて光栄なこともありました。

　その頃は福祉の「ふ」の字も知らない人間で、その人間が日本社会事業大学で教えることになったわけですから、学生たちからブーイングが聞こえてくるような感じがしました。それからずいぶん時間が経ちまして、今でこそ、社会福祉の京極みたいに言われていますけれど、日本社会事業大学に勤めるまでは、本当に何も知らない人間で、学生から質問

されても、うまく答えられないといったこともあったくらいです。したがって「門前の小僧習わぬ経を読む」式に社会福祉リサーチに入っていったわけでございます。

当時は、生活保護中心の行政から、ようやく福祉施設中心の行政に移行している時代で、全体としては、非常に国と地方による施設整備も進んできておりました。

福祉ニーズを持つ人、福祉サービスを必要とする人は、お金が多少でもあれば、施設に入るのが主流でしたが、私は当時から、あまりに大型の収容施設はいかがなものかとずっと疑問に思っていました。

ちょうどコロニーができた時代でもあり、私の大学からも愛知県コロニーに見学に行った先生が教授会で報告をしていまして、「こんな素晴らしいところに障害者が200～300人居られる天国みたいな場所だ」と述べられました。皆も感心して聞いていたのですが、私が反論して「1カ所にそういう重度の方を集めるのは刑務所などの収容施設のようで良くないんじゃないか、少なくとも小規模の施設や、地域社会で生活できるようなことを考えるべきなのではないか」と言いました。教授会の皆は、笑って「京極さんは社会福祉のことを知らないから」と指摘されました。それには理由がありまして、もともと重度の障害を持たれた方は、当時、言葉は悪いですが、座敷牢のような所に入れられていて、非常に不幸な生活をしていました。「そういう人たちが、のびのびと食べるもの、着るもの、寝るところを与えられて生活ができるのは素晴らしいことだ」と、「あなたもコロニーに行ってよく勉強しなさい」と諭されましたが、私は納得できませんでした。

それから昔はサービスを利用する方を、対象者と呼んでいました。そこでも私はわざと「『対象者』は英語で何と言いますか」と尋ねたら、一人、仲村優一先生というソーシャルワークの大先生が「クライアント（client）」だと答えられました。しかし、それだと通常「顧客」とは訳しますけれど、「対象者」とは訳しません。本当の意味では「subject」で、例えば、王様が自分の臣下たちのことを「my subject」と言いますが、こ

れはあくまで「対象」です。ですから、本来そういう表現はおかしいのです。経済学では「コンシューマー（consumer）」や、「ユーザー（user）」といいまして、「消費者」や「利用者」という意味で使わないとサービス提供者とサービス受給者とのニュートラルな関係は築けないのではないかと言いましたら、これも皆に笑われてしまいました。今、「対象者」という言い方は、その場にいた人たちも使っておらず「利用者」を使っていると思います。ですから、時代は変わるものだなと思います。

　前置きが長くなりましたが、サービスと住まいが、一体となっているのが、いわゆる施設（institution）です。スウェーデンやデンマークでは脱施設化（dis-institutionalization）を進めていますが、むしろ施設機能の重要度は増し、それを地域化することは必要不可欠で、十分な住まいの基盤があれば在宅サービスが可能になってくるということです。しかし、それを日本に置き換えたとき、普通の住宅では家屋の構造からいっても、絵に描いた餅で、なかなか前に進みません。そこで施設をどんどんつくっていくことになりました。私は日本社会事業大学から３年間、「出向」した厚生労働省専門官に在任中、「社会福祉士及び介護福祉士法」（1987年）の策定に携わりました。在宅ケアを可能にするために、新たな福祉専門職をつくろうともしましたが、近年になって、それはようやく実を結びはじめたところです。

　井上先生は基盤とおっしゃいましたが、いくら介護サービスが進んでも、肝心要（かなめ）の施設機能が多様な住まいとして連結していかなければ、在宅が伸びていくことはありません。

　かねてから私は、住宅改修の問題を重視してきましたが、いよいよ国土交通省も高齢者住宅法の整備を皮切りに本腰を入れて取り組んでいくことになりましたので、本格的な在宅サービスの時代に突入していくのは、これからだと思っています。

　かつての厚生省には住宅課がありまして、それがどうも厚生省の中では発展しないということで、建設省（現・国土交通省）に移されて住宅局ができました。現在はその下に、安心居住推進課があります。また、

23区内でも各区に住宅課はありませんでしたが、今は都庁から公営住宅を引き受けて、区で運営しているところがありますので、区にも担当課があります。地方自治体の場合でしたら、高齢者向きの住宅と組み合わせて同じ管轄でやればいいのですが、別なところでやっていますから、なかなか調整がたいへんで、人事交流なども厚生労働省と国土交通省とで連携して進めているところです。
　今後は巨大な施設は確実に減っていき、将来的には地域の拠点としての役割のみが残るでしょう。例えば、老健施設ひとつとっても、近い将来は入所者の半数を地域に還元していかなければいけません。特養に行かれる人もいるし、自宅に戻られる方もいますが、それだけでは多様な住まいとして不充分です。そこで各地域にサービス付き高齢者向け住宅がたくさんできれば、非常にうまく進むのではないかと思っています。私はかねてより在宅ケア中心論者でしたけれど、これまでは住宅政策不在でした。それが今、大きく変わって今世紀中には従来の社会福祉施設中心型から在宅サービス中心の時代になるだろうと思いますが、その中で、最も重要なきっかけとなるのが、このサービス付き高齢者向け住宅です。
　各自治体でもさまざまな取り組みがされていますし、私ども浴風会のある杉並区でも500戸建設するという行政計画があります。しかし、施設は手を挙げたくても、果たして採算がとれるのかと思っているでしょうし、行政の支援、市民の理解も得ていかなくてはならない。いろいろな問題、考え方がありますが、これが進んでいけば、本当に新しい時代がくるのではないか、そう考えています。
　政治の世界は先が読めませんが、人口高齢化の中で高齢者政策の方向性はまず見えている。ということで、これよりシンポジウムを開催させていただきます。
　さて、有料老人ホーム、特に特定施設をたくさんつくらなければならないことは、頭では理解はしているつもりでしたが、多面的な高齢者住宅と街づくりという視点から、本書の前の第2章では短いスペースの中でたいへん貴重なお話をいただき、理解を深めることができました。そ

れを踏まえてお三方で議論をしていただければと思います。

それでは宮島先生からお願いしたいのですが。

宮島：私もいろいろとお話を聞く機会があって、やはり要介護度1、2の方までしか看られないという状況がある中で、高橋先生のおっしゃる最期まで看るんだという覚悟は、たいへん素晴らしいと思いました。一方で、人口5万人を下回ると、サービス付き高齢者向け住宅は空きが出るといわれていますので、3、4、5の方を看ないとこれから経営的に生き残れない現状があります。そこで、他事業所とうまく連携がとれず、無理をして引き受けてしまうという話はよく聞きます。

ですから今のように、自社で3、4、5の方を引き受けられる基盤をしっかりとつくってからサービスを提供していかないと、マネジメントが上手くできていないと言われてしまうので、高橋先生のおっしゃる通り、サービスを提供すること自体が主体という認識は大切だと思います。

今後、大多数の方が認知症を発症するのは間違いありません。集団生活に馴染めないし、外出したまま迷いなくなった場合に、家族ですらきちんと見守ることができないのに、他者が、しかも個室で暮らしている方をきちんと看られるのかどうか、非常に心配なところです。しかし、そこもしっかりと見守っていこうと、前面に打ち出している点は素晴らしいと思いました。やはり高齢者住宅は、箱をつくっていくという側面が強いのですが、実を言うと、高橋先生のお話（73頁参照）にもありましたように、サービスを提供する場としての住宅であって、主体はサービスなのだという考え方のほうが、私も聞いていて分かりやすいという印象を持ちました。

京極：ありがとうございました。先程（第2章で）たいへん分かりやすいお話をしていただいたと思います。特に私が感心しましたのは、実際に事業を展開している方のお話を、社会福祉法人の側から宮島先生（42頁参照）と山田先生（58頁参照）、それから民間事業者の側から高橋先生

101

(73頁参照)に伺いました。宮島先生、山田先生の社会福祉法人のお二方のように、意欲的な展開をされている方は現在のところ必ずしも多くはないですし、高橋先生のように民間事業者の方にこれだけ総合的な視点でお話いただくのは初めてで、たいへん感謝しております。

よく富士山を登るときに北から登るか、南から登るかという話がありますけれど、今回も例えば北側から社会福祉法人の立場で、本当に高齢者の在り方、医師の在り方、サービスの在り方を考えていくと、住宅の問題を考えざるをえなくなり、やがて頂上に達する。また南側から民間事業者の方でも、最初に住宅の面からサービスを考えて、だんだんと住宅が本来の目的ではなく、サービスが目的になり、住宅は手段になる。そして、どんどん山を登っていきますと、同じ頂上に達するというイメージが浮かんできました。

社会福祉が目的で公益性が高いと理想を語るのは簡単ですし、また、実際にそうありたいという気持ちも分かりますけれど、実際に実現できているかは別の話なのです。私ども浴風会にも1日2200～2300人の利用者がいますが、やはり伝統があると、歴史的に続けてきたことをやっていればいいという流れになりがちで、新しい時代に対して、どう向き合っていくかは、これからの大きな挑戦課題です。

最近は都や区の行政の動きも少しは良くなってきましたが、本日のお話（第2章）を伺っていますと、まだまだ、社会福祉法人も地域に貢献していますし、民間事業者がこれだけの努力をしているのですから、今後の社会福祉の在り方を考えるうえでも、非常に示唆にとんだ内容だったと思います。

それではこれから井上先生に助言者として参加いただいて、シンポジウム形式に入らせていただきます。

■ サービス付き高齢者向け住宅の新たなビジネスモデル

井上：よろしくお願い致します。宮島先生、山田先生、高橋先生に確認させていただきたいことと、全体を通しての感想を述べます。

エリアの人口規模によって、状況が一つひとつ異なっているという感想を強く持ちました。この分野については、よく、新潟県長岡市にある長岡福祉協会のこぶし園が話題にのぼります。こぶし園さんは、人口30万人弱のエリアを幅広く地域展開しています。これに対し、宮島先生のアザレアンがある上田市は人口15万人程度で、いくつかのエリアを設定しながら、展開しています。山田先生のところは、京都市は人口150万人ですから、とても1つの事業体でやることは難しく、当然、いろいろな事業体と連携していくことになります。展開するうえで、山田先生が常日頃行われている複数法人による勉強会などが、重要な役割を果たしていることと思います。

　高橋先生のところは、1年ほど前に拝見させていただきましたが、良い意味で予想を裏切ってくれました。というのも、株式会社の有料老人ホームや高齢者住宅を拝見したとき、私は、次のどちらかの感想を持つことが多いのです。1つは全国展開しているもので、素晴らしいなぁと思う取り組みが少ないことです。もう1つは、良い取り組みだなと思った場合には、ビジネスモデルとして社会に広く普及するものにはなりにくいなあということです。でも、高橋先生のユーミーケアを拝見したときに、中堅所得層を対象としたビジネスモデルとして質を維持しながら成立している、という印象を持ちました。それができている1つの理由は、エリアを限定して事業を展開しているからではないかと思います。おそらくエリア全体で150万人くらいだと思いますが、そのあたりのことを詳しくお聞かせいただけませんか。

　山田先生には、小規模多機能と組み合わせている点で教えてほしいことがございます。利用者の多くが入院されるという話でしたが、その後、また退院して戻ってくるのか、それとも病院で最期を迎えられているのか、お聞かせください。小規模多機能との組み合わせについては、宮島先生からも、もう少し詳しくお伺いできればと思っています。

京極：ありがとうございます。それでは高橋先生からでよろしいですか。

私も高橋先生のお話では、エリアの中の道路を廊下としてみるという比喩が大変面白いと思いました。これは最初から意図していたものなのか、それとも結果的にだんだんそうなってきたものなのでしょうか。

高橋：講演（73頁参照）で申し上げた通り、地方のゼネコンの建設受注の受け皿として高齢者住宅運営会社をつくったものですから、そのゼネコンの営業エリアに限定されて開発が進められました。親会社から『地主さんの了解が得られたので、何ができるか考えろ』といわれてあてがい方式で案件が決められました。大手のように駅から徒歩10分で70～80室以上でないとやらない、といった要求はできません。300坪でも200坪でも建築受注に繋げていくわけですから、よほど施設に強い魅力がなければ、入居者は集まりません。幸い小規模な住宅が多かったのでかなり思いきってターゲットを絞り込む手法をとりました。例を挙げますと、当社には女性専用の住宅がありますが、最初は私もどうかなと思いました。しかし、やってみるとずっと独身だった女性の場合、いまさら男性と一緒に住みたくないという方は以外と多い。他社で女性専用をやっている事業者はありませんし、たった12人の定員ですから、現在では安定して待機者を持つ優良な高齢者住宅になりました。このように、他の事業者ではできないコンセプトを持つんだという志向を持ち続けてきまして結果を出しました。どんな場所でも満室にできるんだという自信に繋がっていきました。23万人の都市に当社だけで10棟建ててしまったわけです。普通だったら5棟目ぐらいでためらうのですが、逆に次はこういうニーズがあるなと見えてくるようになるわけです。医療ニーズのある方をお断りする回数が増えてきたと営業から報告があれば、そんなにいるのならそのターゲットでやってみようと企画する。そういった展開のモデルを我々は門外漢だからこそつくってしまった。結果としてのドミナントであり、地域の密着モデルのコンセプトになってしまったのです。1つの施設を名指ししての問合せというよりも、まずユーミーに問い合わせれば、どこか合う施設を見つけてくれる、紹介してくれると

いったアプローチが増えてきた。そういう感じで進めてきました。

京極：それでは続きまして、山田先生、いかがでしょうか。

山田：先程は、小規模多機能を契約解除して、多くの方が病院にお世話になっている現状（58 頁参照）をお示ししましたが、その後の経過については、次年度に調査したいと考えています。一般的には入院をきっかけに重度化される場合、ご家族の負担がポイントになってくることが推測され、老健、療養型を転々としたり、いわゆる医療療養型を選択される方なども少なくないと考えています。この 4 月から始まった、定期巡回・随時対応型訪問介護看護のサービス、これも実際におやりになっているところでは平均要介護度が 3 を切っているところが結構あるように、4、5 の方の在宅での支え方に課題を感じています。

　社会的なサービスについては現状を検証してこれからの社会に必要なサービスとは何かを考える必要があります。今、決定的に不足している選択肢があります。それは地域で暮らし続けるための資源を活用していくことで、1 つは高橋先生がおっしゃったような地域で暮らし続けることを支えるさまざまなサービスと、もう 1 つはこれからの課題となっている安心な住宅です。あくまで選択肢の問題ですが、ご家族、ご本人、それぞれの考え方があるでしょうが、自宅で最期まで住み続ける、あるいは見慣れた風景のある地域で過ごされたいと希望される方は圧倒的に多い。しかし現実として、家族に迷惑をかけたくないなどの理由で諦めてしまうわけですが、なんとしても、ご自宅やサービス付き高齢者向け住宅で要介護度 3 までは支えられる仕組みと、4、5 になった場合にどういう選択肢があるか、これらについての議論がまだまだに不足しており、これからどうつくっていくかが課題です。

宮島：私は全国小規模多機能型居宅介護事業者連絡会の副代表を務めており、小規模多機能をつくる経緯にも、いろいろと携わってきました。

先程お示しした（42頁参照）2003年の高齢者介護研究会にも小規模多機能について書かれていますが、その中には、住まいも入っていましたが、途中から外してしまいました。なぜかというと、結局は住まいから先に埋めていく、住む人から埋めていくと、その住まいの人しか使えないようなサービスになってしまうからです。

　事例を申しますと、ある県で小規模多機能を2カ所、そして50床のサービス付き高齢者向け住宅をつくり、その契約の中に、この小規模多機能を使ってくださいとしていました。そうすると25の登録が全部埋まったのですが、ただ、市町村が指定をし、監督をしていく中で、自分の街に小規模をつくったときに、そのすぐそばに住む人たちが全く利用できない問題がでてくる。これは効率の良い形ではありますが、決して良い形ではないと思います。そういう意味では、高橋先生のようなドミナント方式で地域でしっかりと密着した中で、地域の方たちも小規模を使うという形が理想ではないかと考えています。

　運営する側からすると、利用者がしっかり確保されている中で、小規模多機能を運営し、比較的重度になってもサービス付き高齢者向け住宅に暮らすことができるという相乗効果を狙いたい。しかしその陰には、地域の方たちが全く使えない小規模多機能が存在してしまうことは問題ですし、そうなってくると市町村も規制をかけてきます。ある市では、何割かは地域の方たちも使えるようにしておくことを要求しているところもあります。

　小規模多機能の利用者のうち、何％がサービス付き高齢者向け住宅の方たちで占められている、だから減算するというやり方も良いとは思いません。やはり類型化をして住宅併設型の小規模多機能と、地域展開型の小規模多機能とを分けていく必要があると思います。住宅併設型の場合には、事業者側からすると、送迎や泊りの人の負担はありません。一方、地域展開型の場合は、送迎するのに、5〜10分はかかりますし、夜間の訪問に対するコストも全部内側に吸収できますから、類型化された時には、たぶん住宅併設型の方が低い報酬になると思われます。ただ、

講演でも申しましたように、だから駄目だと言っているのではなく、良いところを活用しながら小規模多機能とサービス付き高齢者向け住宅が健全に一体的に運営される仕組みをつくっていく必要があるのだと思います。

京極：ありがとうございました。地域との関わりには、行政支援の関係もありますが、サービス付き高齢者向け住宅と福祉サービス・生活支援サービスとの比較を考えますと、これもまた多様でして、医療支援も地域によって異なりますし、法人にも余裕のあるところと、ないところがあります。浴風会のある杉並区でも医療支援が不足していますし、特に高井戸地区には私ども以外に病院はほとんどなく、診療所しかありません。そうすると、病院との関わりなど、地域の規模や、利用資源が豊かか乏しいか、それから大規模な法人があるかないかなど、さまざまなことが関係してくるので、どういう展開を考えたらいいのか非常に複雑で、地域差はかなり大きな問題だと思います。

　それに対しては、皆さんそれぞれ努力されていますので、井上先生のおっしゃった人口規模とそれ以外の地域差、それと高齢者住宅との関わりの中でご意見がありましたら、お願いしたいと思います。

井上：例えば、要介護度が上がって、そろそろ施設かなという判断と、まだまだ住宅でいけるという判断は、サービスの必要性だけではなく、その人の価値観や自立の考え方や人との関わり、例えば、多少の孤独があっても住宅がいい、あるいは、そろそろ身近なところに人がいて、お互いに少しもたれ合っていきたい、そのどちらなのかといった感覚によるところが大きいと思います。それは地域性とも深く関係しているでしょうし、国によっても大きく違うと思います。日本でCCRCが普及しない理由は、そういうところにあるのではないでしょうか。自分に適したコミュニティに住み替えていくのが海外の特徴ですが、日本の人たちは住みなれたところにある共同体が心地よくて、離れ難くなるのだと思いま

す。高齢者住宅でそのような前提を踏まえたうえで、難しくなる起点は、要介護度などの身体面以外にどんな軸が考えられるのか教えていただきたいと思います。実際どんな人が最期まで住宅で過ごし、どんな人が特養や施設を望むのか、感触でも結構ですので、教えてください。

高橋：地域の医療資源という面では、湘南は恵まれていて、ある意味、在宅医療のメッカのようになっているのではと思います。在宅医療では、総合医として関われることになりますが、もともと精神科で認知症の専門医であったり、外科から転換された先生であったり、それぞれの先生には得意の分野があります。利用者やご家族に合わせて、その関わり方が上手な先生との組み合わせもできるようになりました。

　医療サービスも含めて、抱え込みをしないで、ご家族、ご本人にとって最良・最適な選択というオペレーションを実行しています。当社ではケアマネジャーは社内で担当しているのは20％ぐらいです。ケアマネジャーさんから、入居者をせっかく紹介していただいたのに、引き離すことになってしまうのでは、そのケアマネジャーは次から紹介してくれなくなるからです。地域のケアマネジャーさんとは、サービス付き高齢者向け住宅のケアプランを勉強会などを開催して、サ高住におけるケアプランの在り方を共有しています。当社のデイサービスは、外部の方が7割ぐらいです。地域に繋がっていれば、そこから入居者が入ってきますし、ある意味では在宅と施設入居との間に0か100かではない中間的な関わり方が生まれてきます。

　当社のサービス付き高齢者向け住宅では夏の1カ月間だけ住みたいという方にも柔軟に対応しています。医療面も含めて湘南という土地が地域資源に恵まれているからこそ、できるのだろうとは思っています。

　また、自立の住宅に入っていただいた方が、どのタイミングで施設に移るかというクリティカルパスの問題ですが、認知症の周辺症状でまわりの方に迷惑をかけ始めて、迷惑をかけるので施設に移ってくださいという理論だけでは、ご本人や家族もやはり納得しません。

認知症の症状が出てきましたが、認知症ケアに特化した今の状態に最適な住宅がありますという説明をあらかじめして、入居対象者の生活における失敗事例もどんどん家族と共有していくことが大切です。排泄に失敗した、お隣の部屋に入ってしまったということを、どんどんご家族に話していくわけです。するとご家族から「そろそろかな」と言っていただけます。やはり、ある段階を越えたところで突然ご家族を呼んで転居してほしい、と説明するだけでは、ご家族もストンと理解できないのは当たり前です。そういう状況になるまでのコミュニケーションが非常に大事だと考えています。認知症の症状が厳しいときは、やはり移ってもらわなければなりませんが、廃用性により身体状況だけが落ちているような方は、訪問介護で極限まで支えて、いよいよターミナルとなった時に、24時間看護師がいる住宅への転居希望があって終末期に一度だけ住み替えをしていただくケースが多いです。

　入居時に必ず確認している項目として、「病院で最期を迎えられたいですか？それとも我々がサポートしますから、第2の自宅で最期を迎えられますか」と尋ねていますが、ほぼ99％の方が自宅でとお答えになります。しかし状況が変化して、具合が悪くなっていくのを目の前で見ていると、家族の気持ちは揺らぎますので、このリビング・ウィルは何度も繰り返し確認しています。終末期に近くなっていくと、兄弟が来て、その親戚も出入りするようになったりと、利害関係者もどんどん膨らんでいき、いろいろなことを言う人が増えてきます。ご家族が中心ですから、傍で我々はしっかりサポートします。その中で、10％ぐらいは最終的には病院への搬送を選ばれます。それは悩んだあげくの選択なので尊重しさまざまな手配をします。とにかく入居時に本人とご家族とのターミナルケアに関するデザインはしっかり共有するようにしています。

宮島：特養に入られるには、まず医療依存度がないこと、それから介護状態が重度である、家族等の支援を受けられないことなどが挙げられますが、これは裏を返すと、サービス付き高齢者向け住宅に住み続けるこ

とができない要件になってしまう危険性もあります。しかし、そうした要件も、例えば医療依存度が高くなり、施設にいられなくなったとしても、平成18年から看取り加算が付いて、特養も積極的に最期を看取るようになっていますし、2012年から胃ろうや、たんの吸引を一定の教育を受けた介護福祉士ができるようになったりと、医療依存度が高いだけでは、施設から簡単に出すことはできなくなっています。

高橋先生のお話のように、サービス付き高齢者向け住宅もそういう機能を内側に備えることや、機能を人材に求めることによって、退居していく人を減らせるかもしれません。

また、社会関係や、ご近所との付き合いや家族関係の悪化といった原因もあります。しかし、特養には生活指導員がいて、若い人がどうやってお年寄りを生活指導するのかとも思いますが、やはり人間関係の軋轢を解消するという意味では、重要な存在だと思います。個室ではありますが、他人と一緒に住むわけですし、共同生活をしているのですから、隣の部屋がうるさいだとか、2階から物音がするからどうにかしてくれという案件は絶対に起きてきます。そういった案件やサービスをしっかり整えて一つ一つ解決していくことで、井上先生がお話いただいたように、最期まで看ることが可能になってくるのではないかと思います。

井上：高橋先生から認知症のお話が出ましたけれども、認知症が進行していく場合には、小規模多機能を使うという前提で住み続けられるという理解でよいのでしょうか？

高橋：それもあるでしょうし、それ以外の選択肢も提示させていただいています。今後は認知症の方を専門に看るサービス付き高齢者向け住宅が出てくるかもしれません。認知症の方がゆったりと過ごされて、井上先生からは施設型の建築に似ているという話がありました。グループリビングを発展させたような、認知症対応型のサービス付き高齢者向け住宅が、将来的には出てきてもいいのではないかと思います。

井上：山田先生にお聞きしたいのですが、24時間の定期巡回・随時対応サービスと小規模多機能の双方があったとき、報酬面はさておき、住宅と組み合わせたとき、どちらが有効なのでしょうか。

山田：私は、小規模多機能の方が有効だと感じています。ただ、いずれのサービスも社会的認知度を高める必要があります。

　京都市に最初のデイサービスセンターができたのが昭和62年で、私が勤務していた法人でも平成2年にデイサービスをつくったのですが、利用者は少なかった。というのは、デイサービスがどういうものか知られていなかったのです。小規模多機能しかり、24時間定期巡回・随時対応型訪問介護看護しかり、そのサービスがどんなサービスなのかを、まず知ってもらわなければならない。小規模多機能も全国で4000カ所弱ぐらいで、まだまだ少ないのですが、どちらかといえば、施設へ入る、もしくは自宅で可能な限り住み続けるという傾向は、地域性よりも、支えるサービスが成熟していくことの方が要因としては大きいのかと思います。

　また、宮島先生からお話のあった、医療ケアという部分では平成27年4月から本格的に介護職の仕事に追加されますが、職種による分野の拡大や移行と、先程の新しいサービスが成熟していくこと。これらを活用していけば、自宅でも結構暮らしていける、そういう新しい文化をつくっていく要因として、今ここで話し合われているサービスや住まいという位置付けがあるのではないかという気がします。

京極：たいへん素晴らしい議論をしていただきました。このように本日の企画が成功しましたことを、たいへん嬉しく思います。それではここで事前のアンケートの中から受講者からも質問が来ておりますので、1つご紹介したいと思います。

　「サービス付き高齢者向け住宅は今、たいへん話題となっていますが、その問題点についても教えて欲しい」とのことですが、問題点とは、言い換えれば克服すべき課題があるということです。立場によっても問題

点の認め方は違うと思いますので、それぞれ意見をお伺いしたいと思います。

山田：やはり大きな課題は居住費だと思います。例えば、特養は建設補助や固定資産税等の減免等、さまざまな仕組みで居住費を下げていますが、これはたいへんな強味です。それに対してサービス付き高齢者向け住宅は井上先生がおっしゃったように、何らかの形で、家賃助成の仕組みの創設が課題だと思います。それからもう1つ、サービスの繋ぎ方の問題です。見守り生活支援というカテゴリーのサービスが今回付きましたが、そこにプラスして食事や、さらに介護サービス、医療サービスという繋ぎ方を従来の広域型をベースにいくのか、本当の意味での地域包括ケアといわれている地域に密着した生活圏域で完結させるのか、サービス付き高齢者向け住宅に付いているサービス支援、そして小規模多機能のように、住宅だけではなく、地域にも展開できるような仕組みが付いていくことも含めてこれからのサービスの繋ぎ方、在り方は大きな課題だと思います。

宮島：講演（42頁参照）でもお話ししましたが、サービス付き高齢者向け住宅は現在、特定施設のように住所地特例がないので、さまざまな場所から人を呼び寄せることが可能になっています。高橋先生のところのように12床のサービス付き高齢者向け住宅は、ほとんどありません。基本的には50〜100ぐらいで高い土地代を使って、高層化してスケールメリットを出さないと運営は苦しいので、人口規模が2万、3万ぐらいのところに、50のサービス付き高齢者向け住宅をつくると、おそらくその地域だけでは埋まらないので、他のところから呼ばざるをえないでしょう。人口40〜50万人の都市であれば、それほど問題にならないかもしれませんが、人口5万人ぐらいの地域であれば、自分の街に知らない人たちが来て、保険料が上がる要因になれば、市町村としても懸念する材料ではあると思います。

高橋：サービス付き高齢者向け住宅の事業者として、問題点を一言でいえば、使う側も提供する側も「サービス付き高齢者向け住宅」というものを理解していないということに尽きると思います。サービス付き高齢者向け住宅というのは、プラットホームです。例えていうならば、OSのWindowsなんです。そこにどんなアプリケーションを付与していくかが問われているのに、超高性能のパソコンだとしてもアプリケーションなしでWindowsだけ搭載した状況で、さあ、どうぞ使ってくださいと言われても、誰が使うのでしょうか。パソコンの話で例えますと、昔、ワープロは専用機としてたいへん便利でしたが、今はほとんど文書作成はパソコンでやります。ワープロを使っている人はいないですよね。つまり、パッケージングされた既成の介護から、多様性と多層性のある介護へとパラダイムシフトしつつあると考えています。いろいろなアプリケーションを組み合わせること、ターゲットを絞り込んでいくことを進めるべきです。ユーザーである高齢者自身がニーズをよく分かっていないのですから、的に矢がささらないのです。

　90歳のおばあちゃんが見学にこられて、「とても素晴らしい」と言っていただいても、「私はまだまだそんなことはない」と帰ってしまう。シニアの方が高齢者住宅とは何たるかが理解できていないのですから、サービス付き高齢者向け住宅は、その無限の可能性を拡大すると考えていかないと、結局、「特定施設とどう違うのですか」という話になる。ワープロとパソコンを比べれば、文章作成に限っていえば、ワープロの方が使いやすくて完成度は高いかもしれない。マーケットが熟成すれば、ニーズは多様化します。全員が文書作成のニーズだけではなくなるのです。高齢者の抱える問題は本当に多様です。医療もあれば、資産整理や相続の問題といった、介護以外の課題も解決しないと、自宅を離れられない状況があります。こういった話題は高齢者住宅の中であまり語られてこなかったと思いますが、現場ではごく普通に出てきています。我々はそういうところも専門家の方を繋ぐなどで解決のサポートをしています。当社の住宅に入っていただく時には、介護や医療だけではなく、資産管

理等も含めた人生の安心サポートという切り口で関わっています。そうすれば周辺ビジネスも広がります。その意味でも、サービス付高齢者向け住宅は、大いなる可能性があるのではないでしょうか。

京極：ありがとうございました。シンポジストの皆さんのお話を聞いていると、都道府県レベルでもサービス付き高齢者向け住宅にも相当の家賃補助がされても良いのではないかと思えます。高齢者の介護施設を大都会でどんどんつくる時代ではなくなっています。所管している事業者に対してでも良いし、実際経営者に対してでも良いのですが、果たして国土交通省の補助だけでいいのかなという印象も持ちました。それでは、これまでの話を踏まえて、会場からもご質問があればお伺いしたいと思います。

質問者：本日はたいへん勉強させていただきました。以前から地域の中でサービス付き高齢者向け住宅を考えていくときに、街づくりとの関連が非常に大事だと思っていました。
　それぞれの自治体の街づくりにおいて、政策と福祉がサービス付き高齢者向け住宅と連携していかなければならない。その点では、例えば京都や湘南ではどういう状況なのか教えていただきたいのですが。

山田：宮島先生から住所地特例の話も出ましたし、住宅資源が乱立して危惧しているのは事実です。また、深澤先生の資料にあります居住支援協議会は、京都市にもあり、私も委員を務めています（次頁図参照）。ご質問の回答とは少し逸れてしまうかもしれませんが、京都市にはマンション等も含めて空き家が14.5％ありまして、移りたいという高齢者も多くおられます。ですから、新しいものを建設する以外にも、サービス付き高齢者向け住宅は地域に密着する形で自宅と繋がると同時に、生活支援、見守り付きといったソフト部門をクリエイトして既存の資源と組み合わせて活用することが一つの方向性だと考えています。

住宅確保要配慮者（低額所得者、被災者、高齢者、障害者、子供を育成する家庭その他住宅の確保に特に配慮を要する者）の民間賃貸住宅への円滑な入居の促進を図るため、地方公共団体や関係業者、居住支援団体等が連携（住宅セーフティネット法（※）第10条第1項）し、住宅確保要配慮者及び民間賃貸住宅の賃貸人の双方に対し、住宅情報の提供等の支援を実施。　（※）住宅セーフティネット法は平成19年に施行

○ 概要

(1) 構成
- 地方公共団体の住宅担当部局及び自立支援、福祉サービス等担当部局
- 宅地建物取引業者や賃貸住宅を管理する事業を営む者に係る団体
- 居住に係る支援を行う営利を目的としない法人　等

(2) 役割
- 居住支援に関する情報を関係者間で共有・協議した上で、住宅確保要配慮者及び民間賃貸住宅の賃貸人の双方に対し必要な支援を実施

(3) 設立状況
- 22協議会が設立済（H24.8.9時点）
  （北海道、岩手県、福島県、群馬県、埼玉県、東京都江東区、東京都豊島区、神奈川県、富山県、愛知県、三重県、兵庫県、神戸市、島根県、岡山県、徳島県、香川県、福岡市、熊本県、熊本市、宮崎県、鹿児島県）

(4) 支援
- 居住支援協議会が行う住宅確保要配慮者に対する民間賃貸住宅等への入居の円滑化に関する取り組みを支援
- 補助限度額：協議会あたり1,000万円
- 予　算　額：7億円の内数（H24年度）

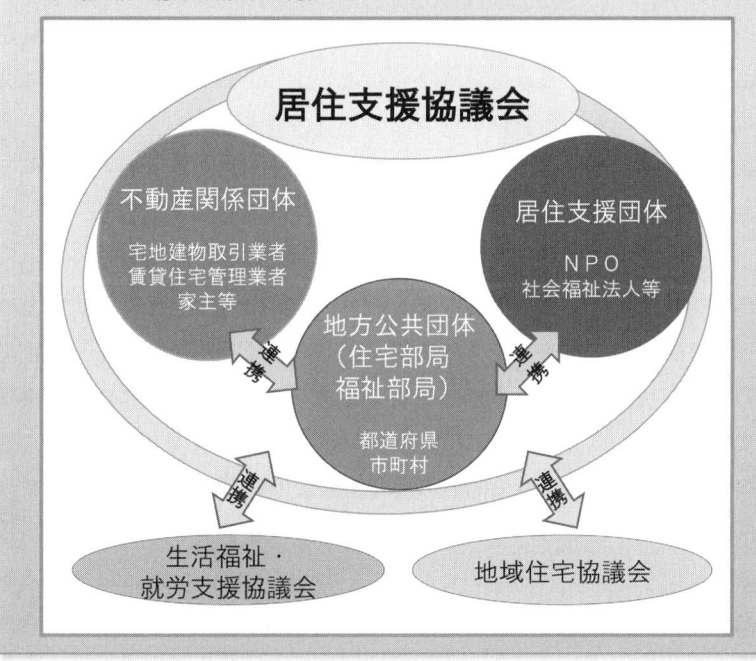

図1　居住支援協議会の概要（国土交通省との連携施策）

高橋：私は住宅屋ですから、福祉政策に口をはさむことは考えていなくて、用意されたものを活用していくというスタンスです。ただ、私は急拡大するサービス付き高齢者向け住宅の中には間違いなく失敗するところが出てきます。入居者が埋まらない、あるいは虐待などのトラブルが出て来るかもしれません。そのときに、サービス付き高齢者向け住宅全体を否定する方向に極端な動きが出ないことを祈ります。サ高住が持つ大いなる可能性は評価してもらいたいです。自由競争の裁量を規制する方向にいかないで欲しいという思いはあります。

　福祉政策以外でいうと、震災対応の面では行政とはいい関係ができました。神奈川は間違いなく地震がくるといわれていますが、災害が発生したときに、当社は1つの市に10棟も施設を持っているわけですから、何かあったときには高齢者、在宅の方を受け入れないといけないと考えてきました。自主的に地域住民が避難して来られた分まで備蓄はしていたのですが、そんなことを行政の方と話をしていたときに、それなら正式に協定を結びましょうということになりました。平塚市とは万一の災害のときの、受入れ体制について協定を結び整えています。受け入れ時の諸費用については行政が負担をしてくれることになりました。こうした連携を行政とできたことは良かったなと思います。

宮島：今後、市町村介護保険事業計画では、比較的要介護度が高い人のニーズに対し、どうサービスの基盤を考えていくかが問題となっていますので、これからはサービス付き高齢者向け住宅はあらかじめ介護保険事業計画の中に組み込んで考えていく必要があると思います。

　皆が集まることによる安心、もしくは必要な時に見守ってくれる家族や、サポーターが傍にいて欲しいというニーズはあるわけですから、繰り返しになりますが、介護が必要になってから動きだすのではなく、予防的な意味でも住み替えを考えることが大切です。

　施設整備計画はあるわけですから、やはり介護保険事業計画の中で一緒に安心できる住宅を配備することが重要だと思っています。

京極：ありがとうございました。街づくりの問題は人生設計とも深く関わっていて、自分が要介護状態や、認知症になってからでは計画を立てられませんので、その準備をどう考えるか。これは国民全体の生活課題（ライフスタイルへの対応）といえると思います。本日は短い時間の中で、たいへん深まった議論ができました。最後にまとめとして、井上先生からお願い致します。

井上：会場のご質問で街づくりの話がありました。埼玉県のある市の都市計画の委員を務めているのですが、高齢者施設をつくるエリアとか、商業施設をつくるエリアといった青写真はあるけれど生活のイメージは全然見えてこない。都市計画分野でも福祉に携わる者が関わるべき時代になったなぁと痛感しています。

　やや禅問答っぽくなりますが、安寧な高齢者住宅とは、地域の人々が（高齢者住宅ではなく）自宅で住み続けてみようと思えるものであり、サービス付き高齢者向け住宅の需要が減っていくような街づくりが求められているのではと感じました。本日は現場のお話を聞くことができて、たいへん勉強になりました。

京極：それでは、以上をもちましてシンポジウムを終了致します。ご清聴ありがとうございました。

　本章は、2012年11月19日に日本赤十字社で開催された第27回日赤振興会講習会「サービス付き高齢者向け住宅の現状と課題」のシンポジウム部会「サービス付き高齢者向け住宅の新たなビジネスモデル」（地域ケアリング2013年2月号・3月号掲載）をなるべく臨場感を損なわないよう最少限の加筆をしている。（**監修者**）

資料

(1) サービス付き高齢者向け住宅 Q&A

(1) 制度についての基本的な質問

Q1 サービス付き高齢者向け住宅の登録のタイミングに関するルールはありますか。竣工前に登録されることはありますか。

Q2 公開されている情報以外に契約内容など具体的なことが知りたいのですが。

Q3 サービス付き高齢者向け住宅の設備等の基準はどのようなものですか。

Q4 サービス付き高齢者向け住宅の入居者に対し提供されるサービスはどのようなものですか。

Q5 サービス付き高齢者向け住宅の入居に必要な家賃や権利金について、法令ではどのように定められていますか。

Q6 サービス付き高齢者向け住宅や今回の法改正に係る趣旨を説明した簡単でわかりやすい資料はありませんか。

Q7 サービス付き高齢者向け住宅とはどのようなものですか。

(2) 登録申請について

Q8 登録後に登録事項の変更があった場合、登録期間の5年のカウントは当初登録時になるのか、変更登録時になるのか、どちらになりますか。

Q9 登録の更新手続きは、新規の登録申請と同様の手続きが必要ですか。

Q10 既にサービス付き高齢者向け住宅として登録されている場合、同じ建物の中で追加して住宅を登録する場合は、登録事項の変更という扱いでよいですか。

Q11 サービス付き高齢者向け住宅は、建物全体が高齢者向けの住宅となるのですか。

Q12 サービス付き高齢者向け住宅の登録事項としての「住宅の戸数」は、有料老人ホームの場合、入居者ごとの専用部分と理解してよいですか。

Q13 サービス付き高齢者向け住宅の登録には手数料が必要ですか。

Q14 サービス付き高齢者向け住宅を登録する者は、医療・介護分野に携わる者に限定されますか。

Q15 登録申請書に添付する書類のうち、「申請者が住宅を自ら所有する場合、その旨を称する書類」について、具体的にどのような書類を提出すればよいでしょうか。

Q16 登録申請書の「サービス及び受領する金銭」の欄は、サービスの提供形態について、「自ら」、「委託」、「提供しない」のいずれかを選択する様式になっていますが、「委託」には、いわゆる「業務提携」も含まれるのでしょうか。また、「業務提携」には、①提携事業者が入居者にサービス提供を行う旨、住宅事業者と提携事業者間で、協定書等を取り交わした上でサービス提供する場合、②協定書等を取り交わすことなく、提携事業者がサービス提供を行う場合が想定されますが、どのような場合に、「委託」に含まれるのでしょうか。

Q17 加齢対応構造等のチェックリストの作成者は、必ず建築士免許を持った者である必要がありますか。

（3） 登録基準について

Q18 登録済みのサービス付き高齢者向け住宅について、登録後に都道府県の計画により登録基準が変更され、登録住宅が登録基準を満たさなくなった場合、登録取消しの対象になりますか。また、登録から5年後の更新が拒否されることになりますか。

Q19 都道府県の高齢者居住安定確保計画において独自の基準が定められていない場合、定められるまでの間は、国の基準で審査・登録を行うということでよいですか。

Q20 入居者資格について、「特別な理由により同居させる必要があると知事が認める者」とは、どのようなケースを想定していますか。

Q21 入居者の募集・選定の方法については、ルールは定められていますか。

Q22 高齢者が死亡または退去し、入居者資格を満たさない同居者が引き続き居住する場合には、退去を要請する必要はあるのですか。

Q23 入居者資格について、例えば「入居時自立」や「要介護者のみ」など入居者を限定してもよいですか。

Q24 現時点で有料老人ホーム等として運営しているもので、既に入居している者が権利金等を支払う契約に基づき入居している場合、登録は可能ですか。

Q25 敷金として、「家賃＋サービス費も含めた月額利用料」の〇か月分として徴収してもよいですか。

Q26 「家賃等の前払金」に「敷金」は含まれないとの認識でよいですか。

Q27 契約更新時の事務手数料等は、根拠が明確であれば徴収可能ですか。

Q28 敷金及び家賃等以外は受領できないこととなっていますが、仲介手数料の受領も不可能ということでしょうか。

Q29 緊急通報設備がない場合、サービス付き高齢者向け住宅としての登録はできませんか。

Q30 安否確認・生活相談サービスについて、サービスを提供する場所、提供時間帯、配置人数を教えてください。

Q31 サービス付き高齢者向け住宅の入居者に対しては、安否確認・生活相談サービスを提供することが必要ですか。入居者がサービス提供を拒否する場合であっても、高齢者向け住宅としての登録はできないのですか。

Q32 浴室は、浴槽のないシャワーブースのみでもよいのですか。

121

Q33 床面積の算出にあたり、パイプスペースは含めるのですか。

Q34 各居住部分の面積算定については、壁芯・内法のいずれで算出すればよいですか。

Q35 面積基準の緩和のための条件となる、共同利用部分の十分な面積や適切な設備については、統一した判断基準が示されますか。

Q36 事業者が土地・建物を借りて事業を実施する場合、借地・借家契約期間の最低制限はあるのですか。

Q37 サービス付き高齢者向け住宅の登録は、登録基準を満たせば築数十年経過した住宅であっても登録可能ですか。

Q38 退去時の修繕費として、敷金のうち一定額を予め充当させることを定めた契約である場合、サービス付き高齢者向け住宅として登録はできますか。

Q39 民間の家賃債務保証・個人賠償責任保険・火災保険等への加入を一律で入居の条件とし、保証料を受領することは可能ですか。

Q40 定期借家契約によるものも、登録することができますか。

Q41 職員が24時間常駐している場合、夜間に常駐する職員も法令に規定する資格を有する者である必要がありますか。

Q42 利用権契約と賃貸借契約の定義については、住所地特例の扱いが変わるため一定の整理が必要と考えますが、どのような部分で見分ければよいのでしょうか。

Q43 事業者等（サービスを提供する法人）がサービスを提供する場合にあっては、当該サービスに従事する者が状況把握及び生活相談サービスを提供することとされていますが、当該サービスの従事者については、ヘルパー資格等の要件を何ら必要とせず、事業者等との雇用関係のみが要件となるのでしょうか。

Q44 食事等のサービスを供与するサービス付き高齢者向け住宅では、食事等のサービスを提供するヘルパーは、状況把握・生活相談サービスとの兼務はできないのでしょうか。

Q45 サービス提供者が常駐していない時間においては、各居住部分

に、入居者の心身の状況に関し必要に応じて通報する装置を設置して状況把握サービスを提供することとされておりますが、通報を受けてから対応する人は、登録されているサービス提供者が対応するということなのでしょうか。

（4） 指導監督・名称使用について

Q46　サービス付き高齢者向け住宅に登録を受けた物件であっても、有料老人ホームの定義に該当するものであれば届出は不要なものの、有料老人ホームとして老人福祉法第29条第4項から第10項までの規定が適用されるのですか。

Q47　有料老人ホームの定義に該当するサービス付き高齢者向け住宅について、「有料老人ホーム」と表示しても問題ありませんか。

Q48　建物1棟のうち一部住戸をサービス付き高齢者向け住宅として登録した場合、食事等のサービスが供与される残りの住戸を有料老人ホームとして届出することは可能でしょうか。

Q49　食事等のサービスを供与するサービス付き高齢者向け住宅については、有料老人ホームの設置運営標準指導指針の対象にはならないとのことですが、既存の有料老人ホームがサービス付き高齢者向け住宅の登録をした場合、指針の対象とはならないのでしょうか。その場合、サービス付き高齢者向け住宅の登録を行ったことで、有料老人ホームの届出は無効になるのでしょうか。

Q50　食事等のサービスを供与していた既存の高専賃で、サービス付き高齢者向け住宅の登録基準を満たさないもので、有料老人ホームの設置運営標準指導指針も満たさないものについて、有料老人ホームの届出ができないものは、今後どういった取扱いになるのでしょうか。

Q51　有料老人ホームの定義に該当するサービス付き高齢者向け住宅は、「有料老人ホーム」と称することは可能でしょうか。

　　また、有料老人ホームに該当する旨の確認はどのように行うの

でしょうか。

Q52 有料老人ホームの要件にも該当するもので、サービス付き高齢者向け住宅に登録するものは、有料老人ホームとは別のものとして取り扱うのでしょうか。それとも、有料老人ホームでもあるという考え方なのでしょうか。

Q53 サービス付き高齢者向け住宅において、これまでの高優賃のような目的外使用規定はありますか。

Q54 サービス付き高齢者向け住宅の登録が取り消されるのはどのような場合ですか。

Q55 サービス付き高齢者向け住宅の広告についてのルールはどのようなものですか。

Q56 改正前の高齢者住まい法に基づく登録を受けていた高齢者専用賃貸住宅が、サービス付き高齢者向け住宅の登録を受けずに「高齢者専用賃貸住宅」とそのまま名乗ることは、類似する名称の使用になりますか。

(5) 有料老人ホーム・介護保険制度との関係 ─────

Q57 特定施設入居者生活介護の指定を受けている適合高専賃は、有料老人ホームの届出を行うこととなりますか。届出が行われない場合、特定施設入居者生活介護の指定は取消しとなるのでしょうか。

Q58 全体で50室ある建物を「サービス付き高齢者向け住宅」として登録し、うち29室を介護保険法に規定される「地域密着型特定施設入居者生活介護」の事業者指定を受けることは可能ですか。

Q59 特定施設入居者生活介護の指定を受けている適合高専賃については、引き続き指定を受け続けることができますか。

Q60 サービス付き高齢者向け住宅は介護保険法上の特定施設に位置づけられますか。その場合、「特定施設入居者生活介護」の指定を受けることができますか。

Q61　有料老人ホームの定義に該当するが、賃貸借方式で特定施設入居者生活介護の指定を受けない新規のサービス付き高齢者向け住宅については、平成24年3月31日までは有料老人ホームに該当しないということですか。また、平成24年4月1日より有料老人ホームの適用を受けることにより住所地特例の扱いはどのようになるのですか。

Q62　サービス付き高齢者向け住宅の中で介護保険法の住所地特例の対象となるのは、どのような住宅ですか。

Q63　適合高専賃等の住所地特例の適用のあった特定施設が、サービス付き高齢者向け住宅に登録し、住所地特例が適用されなくなる場合、改正介護保険法の施行の際に現に入居している入居者については、引き続き住所地特例が適用されるのですか。

(6)　他制度との関係────────────────

Q64　サービス付き高齢者向け住宅の消防法上における用途はどのように整理されますか。

Q65　サービス付き高齢者向け住宅に対する住宅金融支援機構の融資条件は、どのように定められていますか。

Q66　住宅金融支援機構の融資を受ける場合、融資申込みと同時にサービス付き高齢者向け住宅の登録の申請が必要となるのですか。

Q67　サービス付き高齢者向け住宅は、住宅瑕疵担保履行法上の住宅に含まれるのですか。また、有料老人ホームの定義に該当するサービス付き高齢者向け住宅についてはどうですか。

Q68　開発許可制度におけるサービス付き高齢者向け住宅はどのような扱いになりますか。

Q69　リフォームによりサービス付き高齢者向け住宅に登録する場合、建物が昭和56年以前に建築されており、新耐震基準に適合していないものでも登録できるのですか。

Q70　サービス付き高齢者向け住宅の建築基準法上の用途はどのように

整理されますか。

Q71 社会福祉法人が設置する場合、サービス付き高齢者向け住宅は「公益事業」という説明でしたが、これは老人福祉法に該当しない「安否確認・生活相談サービス」のみを行う住宅の場合でも公益事業に該当しますか。

（1） 制度についての基本的な質問

Q1 サービス付き高齢者向け住宅の登録のタイミングに関するルールはありますか。竣工前に登録されることはありますか。

A 登録のタイミングについては、法令上の定めはありませんが、建築確認の手続きの終了時がサービス付き高齢者向け住宅の登録のタイミングとして考えられます。各住宅の入居開始時期は公開される登録事項で確認することができます。

Q2 公開されている情報以外に契約内容など具体的なことが知りたいのですが。

A サービス付き高齢者向け住宅の事業者には、入居しようとする者に対して、入居契約を締結するまでに登録事項や契約内容等を説明することが義務づけられていますので、十分な説明を受けてご自身のニーズにあった住宅を選んでいただくことが大切です。

Q3 サービス付き高齢者向け住宅の設備等の基準はどのようなものですか。

A 原則、次の基準となります。
・各専用部分の床面積は、原則 25㎡以上
・各専用部分に原則、台所・水洗便所・収納設備・洗面設備・浴室を備えたもの
・バリアフリー構造　→詳しくは「高齢者の居住の安定確保に関する法律施行規則第 34 条第 1 項第九号の国土交通大臣の定める基準」　参照

Q4 サービス付き高齢者向け住宅の入居者に対し提供されるサービスはどのようなものですか。

A サービス付き高齢者向け住宅ではすべての入居者に対して安否確認・生活相談サービスを提供することが必要です。ケアの専門家が少なくとも日中建物に常駐し、これらのサービスを提供します。
　この他にも介護・医療・生活支援サービスの提供・連携の内容はさまざまなタイプのものがあり、公開される登録事項で知ることができます。

Q5 サービス付き高齢者向け住宅の入居に必要な家賃や権利金について、法令ではどのように定められていますか。

A 事業者が入居者から受け取ることができる金銭は、敷金、家賃、サービスの対価のみです。権利金、礼金、更新料等の徴収は禁止されています。

Q6 サービス付き高齢者向け住宅や今回の法改正に係る趣旨を説明した簡単でわかりやすい資料はありませんか。

A わかりやすく解説したパンフレットが作成されていますので、詳しくはこちら（http://www.satsuki-jutaku.jp/doc/panfu.pdf）をご覧ください。

Q7 サービス付き高齢者向け住宅とはどのようなものですか。

A ハード（面積・バリアフリー等）・サービス（少なくとも安否確認・生活相談サービスを提供）・契約内容（居住の安定した契約）

に関して一定の基準を満たした高齢者向け賃貸住宅のことです。都道府県（政令市・中核市の場合は市）に登録します。

（2） 登録申請について

Q8 登録後に登録事項の変更があった場合、登録期間の5年のカウントは当初登録時になるのか、変更登録時になるのか、どちらになりますか。

A 当初の登録時から起算して5年となります。

Q9 登録の更新手続きは、新規の登録申請と同様の手続きが必要ですか。

A ご質問のとおりです。

Q10 既にサービス付き高齢者向け住宅として登録されている場合、同じ建物の中で追加して住宅を登録する場合は、登録事項の変更という扱いでよいですか。

A ご質問のとおりです。登録事項の変更として取り扱ってください。

Q11 サービス付き高齢者向け住宅は、建物全体が高齢者向けの住宅となるのですか。

A サービス付き高齢者向け住宅の登録は建物ごとに登録されます

が、その建物の中の一部をサービス付き高齢者向け住宅とすることは可能です。

例えば、5階建ての建物で1～3階がサービス付き高齢者向け住宅、4・5階がファミリー向けの賃貸住宅の場合は、1～3階部分のみが登録の対象です。

Q12 サービス付き高齢者向け住宅の登録事項としての「住宅の戸数」は、有料老人ホームの場合、入居者ごとの専用部分と理解してよいですか。

A ご質問のとおりです。有料老人ホームの場合は、住宅の戸数は入居者ごとの専用部分の数としてください。

Q13 サービス付き高齢者向け住宅の登録には手数料が必要ですか。

A 手数料については登録主体によって、その要・不要や金額が異なりますので各登録主体に確認してください。

Q14 サービス付き高齢者向け住宅を登録する者は、医療・介護分野に携わる者に限定されますか。

A 限定されません。登録要件を満たす事業者であれば、誰でも登録可能です。

Q15 登録申請書に添付する書類のうち、「申請者が住宅を自ら所有する場合、その旨を称する書類」について、具体的にどのような書類を提出すればよいでしょうか。

A 登記簿や売買契約書が、当該書類として想定されます。

Q16 登録申請書の「サービス及び受領する金銭」の欄は、サービスの提供形態について、「自ら」、「委託」、「提供しない」のいずれかを選択する様式になっていますが、「委託」には、いわゆる「業務提携」も含まれるのでしょうか。また、「業務提携」には、①提携事業者が入居者にサービス提供を行う旨、住宅事業者と提携事業者間で、協定書等を取り交わした上でサービス提供する場合、②協定書等を取り交わすことなく、提携事業者がサービス提供を行う場合が想定されますが、どのような場合に「委託」に含まれるのでしょうか。

･････････････････

A 委託に業務提携を含めていただいて構いません。なお、各事業者間において責任体制を明確にしておく必要があるため、協定書等の文書による契約が必要ではないかと考えられます。

Q17 加齢対応構造等のチェックリストの作成者は、必ず建築士免許を持った者である必要がありますか。

･････････････････

A 建築設計に関する専門的な知識を有する者でないと確認できない事項であるため、必ずしも設計を行った当事者である必要はありませんが、原則として建築士の資格を有する者であることが必要です。

（3）登録基準について

Q18 登録済みのサービス付き高齢者向け住宅について、登録後に都道府県の計画により登録基準が変更され、登録住宅が登録基準を満

131

たさなくなった場合、登録取消しの対象になりますか。また、登録から5年後の更新が拒否されることになりますか。

A 都道府県が高齢者居住安定確保計画において、サービス付き高齢者向け住宅事業の登録の基準を強化する場合、それにより強化された基準に適合しなくなる既存の登録住宅については、強化された基準の施行前の登録の基準を適用することとしなければならないとされています（当該登録を更新する場合も同じ）。ただし、当該事業を行う者が新たな住戸を追加する登録事項の変更を行う場合には、当該住戸については強化された基準が適用されることとなります。

Q19 都道府県の高齢者居住安定確保計画において独自の基準が定められていない場合、定められるまでの間は、国の基準で審査・登録を行うということでよいですか。

A ご質問のとおりです。

Q20 入居者資格について、「特別な理由により同居させる必要があると知事が認める者」とは、どのようなケースを想定していますか。

A 入居している高齢者の介護を行う者や入居している高齢者が扶養している児童、障害者等が考えられます。

Q21 入居者の募集・選定の方法については、ルールは定められますか。

A ご質問のようなルールはありませんが、わかりやすい情報提供を

行うなどの工夫は必要と考えます。

Q22 高齢者が死亡または退去し、入居者資格を満たさない同居者が引き続き居住する場合には、退去を要請する必要はあるのですか。

A 退去を要請することはできません。同居者が引き続き居住する場合は、登録事項の変更（当該住戸をサービス付き高齢者向け住宅から除外）の届出が必要となります。

Q23 入居者資格について、例えば「入居時自立」や「要介護者のみ」など入居者を限定してもよいですか。

A 個々のサービス付き高齢者向け住宅で、登録基準の入居者資格の範囲内でご質問のような要件を設定することは差し支えありませんが、住宅で提供されるサービスの内容について、事業者が入居希望者に対して、わかりやすく説明することが必要です。

Q24 現時点で有料老人ホーム等として運営しているもので、既に入居している者が権利金等を支払う契約に基づき入居している場合、登録は可能ですか。

A 登録基準を満たさないため、そのままでは登録できません。入居契約の変更を行う、または現入居者が退去した後で新たな契約を締結するなど、登録基準に該当する契約を締結し直した場合は、事業が登録可能となります。

Q25 敷金として、「家賃＋サービス費も含めた月額利用料」の〇か月分として徴収してもよいですか。

A 敷金は、賃貸借契約に係る債務の担保であることから家賃の○か月分として徴収することが適切です。

Q26 「家賃等の前払金」に「敷金」は含まれないとの認識でよいですか。

A ここで言う「家賃等」は家賃とサービス費を指すものであり、「家賃等の前払金」に敷金は含まれません。

Q27 契約更新時の事務手数料等は、根拠が明確であれば徴収可能ですか。

A 住宅事業者が事務手数料その他の金銭を徴収することはできません。

Q28 敷金及び家賃等以外は受領できないこととなっていますが、仲介手数料の受領も不可能ということでしょうか。

A 宅建業者が仲介手数料をとるケースを想定していると思われますが、宅建業者が登録事業者ではない場合には、高齢者住まい法のルールの対象外であり、宅建業者が宅建業法に定める範囲内で仲介手数料をとることは可能です。

Q29 緊急通報設備がない場合、サービス付き高齢者向け住宅としての登録はできませんか。

A 要件に該当するケアの専門家が夜間を含め常駐しているということであれば登録可能です。

Q30 安否確認・生活相談サービスについて、サービスを提供する場所、提供時間帯、配置人数を教えてください。

A 概ね9時〜17時の間、少なくとも1名のケアの専門家の常駐を求めています。ただし、併設施設の人員配置基準の枠外の職員を常駐させることでも可能です。

　場所は、サービス付き高齢者向け住宅の敷地または当該敷地に隣接する土地にある建物に常駐することとされています。この場所には、登録事業者が所有または管理する一団の土地であってサービス付き高齢者向け住宅の敷地を含むものも含まれます。

Q31 サービス付き高齢者向け住宅の入居者に対しては、安否確認・生活相談サービスを提供することが必要ですか。入居者がサービス提供を拒否する場合であっても、高齢者向け住宅としての登録はできないのですか。

A サービス付き高齢者向け住宅ではすべての入居者に対して安否確認・生活相談サービスを提供することが必要です。したがって、入居希望者に事前説明を行い、合意を得て契約する必要があります。

Q32 浴室は、浴槽のないシャワーブースのみでもよいのですか。

A 浴槽を設置することを想定しています。

Q33 床面積の算出にあたり、パイプスペースは含めるのですか。

A パイプスペースについては、小規模なものであれば専用部分の面積に含めて算出し、その面積が過大な場合などは、共用部分の面積として扱うことが基本的な考え方として示されていますが、登録主体の判断により異なる場合もありますので、ご確認ください。

Q34 各居住部分の面積算定については、壁芯・内法のいずれで算出すればよいですか。

A 面積算定については、基本的に壁芯で行うことが想定されます。

Q35 面積基準の緩和のための条件となる、共同利用部分の十分な面積や適切な設備については、統一した判断基準が示されますか。

A 食堂、台所等の共同利用部分の面積の合計が、各専用部分の床面積と $25m^2$ の差の合計を上回ることが基本的な考え方として示されていますが、登録主体の判断により異なる場合もありますので、ご確認ください。

Q36 事業者が土地・建物を借りて事業を実施する場合、借地・借家契約期間の最低制限はあるのですか。

A ご質問のような期間に関するルールはありませんが、その契約期間は登録事項として公開し、入居契約の締結前に入居希望者に説明することを求めています。

Q37 サービス付き高齢者向け住宅の登録は、登録基準を満たせば築数十年経過した住宅であっても登録可能ですか。

A サービス付き高齢者向け住宅は、既存の建物の改修により供給されることも想定しており、その建物の築年数等の要件は設けていません。ただし、建築基準法等の関係法令を遵守すること、住宅の管理を適正に行うことが当然に求められます。

Q38 退去時の修繕費として、敷金のうち一定額を予め充当させることを定めた契約である場合、サービス付き高齢者向け住宅として登録はできますか。

A 敷金は、サービス付き高齢者向け住宅事業者が徴収できる金銭ですが、契約終了時に入居者に債務不履行がある場合にその弁済に充当されるものであり、ご質問の場合のように、予め一定額が償却されるものは、法の趣旨に照らして適切ではありません。

Q39 民間の家賃債務保証・個人賠償責任保険・火災保険等への加入を一律で入居の条件とし、保証料を受領することは可能ですか。

A ご質問のような保証・保険への加入を入居の条件として課すことは可能ですが、あくまで入居者が保険会社等に支払うものであり、住宅事業者がそのような名目で金銭を徴収することはできません。

Q40 定期借家契約によるものも、登録することができますか。

A 賃貸借契約の場合、基本的に普通建物賃貸借契約または終身建物賃貸借のいずれかを想定していますが、例えば土地が定期借地契約による場合など、やむを得ない事情がある場合は、入居者の居

住の安定を確保しつつ定期借家契約とすることも可能です。

Q41 職員が24時間常駐している場合、夜間に常駐する職員も法令に規定する資格を有する者である必要がありますか。

A 職員が医療法人・社会福祉法人・指定居宅サービス事業所等の職員である場合、資格要件は不要です。
　そうでない場合も、夜間において、緊急通報装置による状況把握サービスが提供されている場合には、その間は職員が建物に常駐する必要はないため、その者の資格は問いません。

Q42 利用権契約と賃貸借契約の定義については、住所地特例の扱いが変わるため一定の整理が必要と考えますが、どのような部分で見分ければよいのでしょうか。

A 賃貸借契約については、住居と状況把握・生活相談サービス以外のサービスの提供（食事の提供等）が別に契約されており、契約書に賃貸借契約であることが明記されていること、住戸（居住部分）の変更に関する条項が記載されていないこと、敷金を受領する場合、契約書に「敷金」という用語を用いていることから判別されるものと考えられます。一方、賃貸借契約に該当せず、住居と状況把握・生活相談サービス以外のサービスの提供（食事の提供等）が一体となって契約されている場合は、利用権契約になります。

Q43 事業者等（サービスを提供する法人）がサービスを提供する場合にあっては、当該サービスに従事する者が状況把握及び生活相談サービスを提供することとされていますが、当該サービスの従事者については、ヘルパー資格等の要件を何ら必要とせず、事業者

等との雇用関係のみが要件となるのでしょうか。

A 社会福祉法人等の法人が登録事業者または登録事業者から委託を受けて高齢者生活支援サービスを提供する場合につきましては、その法人の職員であれば資格要件は不問です。

Q44 食事等のサービスを供与するサービス付き高齢者向け住宅では、食事等のサービスを提供するヘルパーは、状況把握・生活相談サービスとの兼務はできないのでしょうか。

A 介護保険事業所の職員が兼務する場合は、介護サービス事業所とサービス付き高齢者向け住宅における業務時間帯を明確に区分した上で、それぞれの業務に従事していただくことになりますが、それ以外でサービス付き高齢者向け住宅の常駐職員が食事等のサービスを提供する場合は、兼務可能です。

Q45 サービス提供者が常駐していない時間においては、各居住部分に、入居者の心身の状況に関し必要に応じて通報する装置を設置して状況把握サービスを提供することとされておりますが、通報を受けてから対応する人は、登録されているサービス提供者が対応するということなのでしょうか。

A 例えば、併設施設の宿直職員が住宅の入居者の緊急時対応を支障なく実施できる場合等、緊急通報サービスにより不在時対応が可能な体制が確保されている場合には、登録されているサービス提供者以外の者が対応することも可能です。

（4） 指導監督・名称使用について

Q46 サービス付き高齢者向け住宅に登録を受けた物件であっても、有料老人ホームの定義に該当するものであれば届出は不要なものの、有料老人ホームとして老人福祉法第 29 条第 4 項から第 10 項までの規定が適用されるのですか。

A 適用されます。ただし、特定施設入居者生活介護の指定を受けない新規のサービス付き高齢者向け住宅（平成 23 年 10 月 20 日～平成 24 年 3 月 31 日に登録するものに限る）と、既存の適合高専賃の基準を満たす高専賃については、平成 24 年 3 月 31 日までの間は有料老人ホームからは除外されます。平成 24 年 4 月 1 日以降は、これらの住宅も有料老人ホームとして老人福祉法が適用されます。

Q47 有料老人ホームの定義に該当するサービス付き高齢者向け住宅について、「有料老人ホーム」と表示しても問題ありませんか。

A 法令上「サービス付き高齢者向け住宅」と「有料老人ホーム」のどちらかを表示しなければならないといった規定はありません。ただし、消費者に誤認を与えないように表示していただくことが必要となります。

Q48 建物 1 棟のうち一部住戸をサービス付き高齢者向け住宅として登録した場合、食事等のサービスが供与される残りの住戸を有料老人ホームとして届出することは可能でしょうか。

A サービス付き高齢者向け住宅として登録していない住戸につきましては、有料老人ホームの届出義務があります。なお、別々の施

設として明確に区分けができれば、差し支えありません。

Q49 食事等のサービスを供与するサービス付き高齢者向け住宅については、有料老人ホームの設置運営標準指導指針の対象にはならないとのことですが、既存の有料老人ホームがサービス付き高齢者向け住宅の登録をした場合、指針の対象とはならないのでしょうか。その場合、サービス付き高齢者向け住宅の登録を行ったことで、有料老人ホームの届出は無効になるのでしょうか。

A 有料老人ホームの設置運営標準指導指針の対象にはなりません。なお、既に有料老人ホームの届出がされているものに対して、サービス付き高齢者向け住宅の登録を行ったことによりその届出が無効、抹消になるという法令上の規定はありません。あくまでも、サービス付き高齢者向け住宅の登録を受けている有料老人ホームの設置者については、老人福祉法に基づく届出義務はないという趣旨です。なお、届出に関しての特例であり、それ以外は老人福祉法の対象にはなります。

Q50 食事等のサービスを供与していた既存の高専賃で、サービス付き高齢者向け住宅の登録基準を満たさないもので、有料老人ホームの設置運営標準指導指針も満たさないものについて、有料老人ホームの届出ができないものは、今後どういった取扱いになるのでしょうか。

A 有料老人ホームの指導指針の基準を満たさないものにつきましても、届出義務があります。

Q51 有料老人ホームの定義に該当するサービス付き高齢者向け住宅は、「有料老人ホーム」と称することは可能でしょうか。

141

また、有料老人ホームに該当する旨の確認はどのように行うのでしょうか。

A 法令上どちらかを名乗らなければならないといった規定はありません。なお、消費者に誤認を与えないように表示していただくことが必要と考えます。有料老人ホームの確認につきましては、登録事項のサービスの内容で確認が可能です。

Q52 有料老人ホームの要件にも該当するもので、サービス付き高齢者向け住宅に登録するものは、有料老人ホームとは別のものとして取り扱うのでしょうか。それとも、有料老人ホームでもあるという考え方なのでしょうか。

A サービス付き高齢者向け住宅の登録を受けているものにつきましては、老人福祉法に基づく届出義務はありません。なお、届出に関しての特例であり、それ以外は老人福祉法の有料老人ホームの規定の適用の対象にはなります。

Q53 サービス付き高齢者向け住宅において、これまでの高優賃のような目的外使用規定はありますか。

A 法令上は、現行の高優賃に相当する目的外使用規定は置いていません。

　入居者資格に該当しない者が入居する場合には、その住戸部分を登録対象から除外するための登録事項の変更の届出が必要です。

Q54 サービス付き高齢者向け住宅の登録が取り消されるのはどのような場合ですか。

A 登録拒否要件に該当するに至った場合、登録内容の変更を届け出なかった場合、改善指示に従わなかった場合等です。

Q55 サービス付き高齢者向け住宅の広告についてのルールはどのようなものですか。

A サービスその他の登録事項に関して、誇大広告を行うことは法律上禁止されています。

　加えて、告示「国土交通省・厚生労働省関係高齢者の居住の安定確保に関する法律施行規則第22条第一号の国土交通大臣及び厚生労働大臣が定める表示についての方法」に定める方法を遵守する必要があります。

Q56 改正前の高齢者住まい法に基づく登録を受けていた高齢者専用賃貸住宅が、サービス付き高齢者向け住宅の登録を受けずに「高齢者専用賃貸住宅」とそのまま名乗ることは、類似する名称の使用になりますか。

A 「高齢者専用賃貸住宅」(「高齢者向け優良賃貸住宅」、「高齢者円滑入居賃貸住宅」も同様）という名称自体が改正高齢者住まい法の登録を受けた住宅と誤認させるものにはならないと認識しており、「高齢者専用賃貸住宅」等と名乗ることは可能と考えます。ただし、例えば法律に基づく登録や認定を受けているといった、誤解を招くような表示は不適切と考えます。

(5) 有料老人ホーム・介護保険制度との関係

Q57 特定施設入居者生活介護の指定を受けている適合高専賃は、有料老人ホームの届出を行うこととなりますか。届出が行われない場

合、特定施設入居者生活介護の指定は取消しとなるのでしょうか。

A 既存の適合高専賃につきましては、サービス付き高齢者向け住宅の登録の有無にかかわらず、特定施設では有料老人ホームとして扱われます。介護保険法令上、取消しになるわけではありませんが、老人福祉法の遵守のために届出が必要になります。なお、既存の適合高専賃、有料老人ホームに係る届出については、平成24年3月31日まで経過措置が設けられております。

Q58 全体で50室ある建物を「サービス付き高齢者向け住宅」として登録し、うち29室を介護保険法に規定される「地域密着型特定施設入居者生活介護」の事業者指定を受けることは可能ですか。

A 一つの有料老人ホーム（サービス付き高齢者向け住宅を含む）として届出（登録）されたものの中に、特定施設入居者生活介護の指定を受けているものとそうでないものを混在させることはできません。

Q59 特定施設入居者生活介護の指定を受けている適合高専賃については、引き続き指定を受け続けることができますか。

A 既存の適合高専賃については、平成24年3月31日までの間は経過措置により特定施設となっており、平成24年4月1日以降は有料老人ホームとして特定施設となるため、引き続き指定を受け続けることが可能です。なお、施設類型が変更したことによる届出に関しては、法令上届出は義務づけられていませんが、法改正に伴い事業所の定款や寄付行為等が変更になった場合は、変更等の届出の手続きが必要となります。

Q60 サービス付き高齢者向け住宅は介護保険法上の特定施設に位置づけられますか。その場合、「特定施設入居者生活介護」の指定を受けることができますか。

A サービス付き高齢者向け住宅のうち、有料老人ホームの定義に該当するものにつきましては、有料老人ホームとして特定施設に該当することとなり、特定施設入居者生活介護の指定対象となります。

Q61 有料老人ホームの定義に該当するが、賃貸借方式で特定施設入居者生活介護の指定を受けない新規のサービス付き高齢者向け住宅については、平成24年3月31日までは有料老人ホームに該当しないということですか。また、平成24年4月1日より有料老人ホームの適用を受けることにより住所地特例の扱いはどのようになるのですか。

A 平成24年3月31日までは、有料老人ホームとして老人福祉法の適用はありません。なお、平成24年4月1日以降は老人福祉法が適用されますが、改正介護保険法の施行により、住所地特例の対象からは除外されます。

Q62 サービス付き高齢者向け住宅の中で介護保険法の住所地特例の対象となるのは、どのような住宅ですか。

A サービス付き高齢者向け住宅のうち、特定施設入居者生活介護の指定を受ける住宅と、利用権方式の有料老人ホームは住所地特例の対象となります。

Q63 適合高専賃等の住所地特例の適用のあった特定施設が、サービス付き高齢者向け住宅に登録し、住所地特例が適用されなくなる場合、改正介護保険法の施行の際に現に入居している入居者については、引き続き住所地特例が適用されるのですか。

A 適用されます。なお、既存の適合高専賃に関しては、平成24年3月31日までの間は経過措置により住所地特例の適用対象となることにご留意ください。

（6） 他制度との関係

Q64 サービス付き高齢者向け住宅の消防法上における用途はどのように整理されますか。

A 消防法上の用途については消防法施行令別表第一に掲載されていますが、サービス付き高齢者向け住宅は、その中で概ね以下のような基準で区分されることとされています。
① 状況把握サービス及び生活相談サービスのみの提供を受けている場合や個別の世帯ごとにいわゆる訪問介護等を受けている場合 「(5)項ロ」
② 共用スペースにおいて入浴や食事の提供等の福祉サービスの提供が行われる場合 「(6)項ロまたはハ」

Q65 サービス付き高齢者向け住宅に対する住宅金融支援機構の融資条件は、どのように定められていますか。

A サービス付き高齢者向け住宅に対する住宅金融支援機構の融資条件につきましては、住宅金融支援機構のホームページ（http://www.jhf.go.jp/keiei/yushi/info_1.html）をご覧ください。

Q66 住宅金融支援機構の融資を受ける場合、融資申込と同時にサービス付き高齢者向け住宅の登録の申請が必要となるのですか。

A サービス付き高齢者向け住宅に対する住宅金融支援機構の融資手続きにおいては、竣工時の精算報告書のご提出時（中間資金交付を希望する場合には、初回の中間資金交付に関する申請時）までに登録を行い、当該登録が完了したことを証する書類の写しを提出していただきます。同住宅に係る申請の時期については問いません。

Q67 サービス付き高齢者向け住宅は、住宅瑕疵担保履行法上の住宅に含まれるのですか。また、有料老人ホームの定義に該当するサービス付き高齢者向け住宅についてはどうですか。

A サービス付き高齢者向け住宅として登録されるものについては、有料老人ホームの定義に該当するものも含め、住宅瑕疵担保履行法上の住宅として取り扱うこととなります。
　なお、サービス付き高齢者向け住宅として登録されるもの以外の有料老人ホームは、従来と同様に住宅瑕疵担保履行法上の住宅にはあたりません。

Q68 開発許可制度におけるサービス付き高齢者向け住宅はどのような扱いになりますか。

A 市街化調整区域にサービス付き高齢者向け住宅を立地するにあたっては、開発許可制度運用指針（技術的助言）において、以下の場合は許可して差し支えないものとしています。
　・サービス付き高齢者向け住宅のうち、食事、介護、家事、健康

147

管理のいずれかのサービスを提供するもの
・かつ、市街化調整区域内の病院と密接に連携する必要がある場合等、やむを得ない場合

Q69 リフォームによりサービス付き高齢者向け住宅に登録する場合、建物が昭和56年以前に建築されており、新耐震基準に適合していないものでも登録できるのですか。

A 耐震規定に既存不適格であっても違反建築物でなければ法制上の登録は可能です。ただし、サービス付き高齢者向け住宅整備事業により改修等に係る補助金の交付を受けようとするのであれば、一定の耐震性の確保は必要となります。

Q70 サービス付き高齢者向け住宅の建築基準法上の用途はどのように整理されますか。

A サービス付き高齢者向け住宅の建築基準法上の用途については、次の考え方をもとに個々の建物の利用状況等を踏まえて、特定行政庁が総合的に判断することとしています。

① 各専有部分に便所・洗面所・台所を備えているもの
　・老人福祉法における有料老人ホームへの該当・非該当にかかわらず 「共同住宅」

② 各専有部分に便所・洗面所はあるが、台所を備えていないもののうち、
　・老人福祉法における有料老人ホームに該当するもの 「老人ホーム」
　・老人福祉法における有料老人ホームに該当しないもの 「寄宿舎」

Q71 社会福祉法人が設置する場合、サービス付き高齢者向け住宅は「公益事業」という説明でしたが、これは老人福祉法に該当しない「安否確認・生活相談サービス」のみを行う住宅の場合でも公益事業に該当しますか。

A サービス付き高齢者向け住宅を運営する事業は、原則として、公益事業に該当すると考えられますが、提供するサービスが安否確認・生活相談サービスのみである場合など、収益事業に該当する場合もあります。

出典：サービス付き高齢者向け住宅情報提供システム「よくあるご質問」をもとに作成

資料

（2） 高齢者の居住の安定確保に関する法律

〔平成 13 年 4 月 6 日法律第 26 号〕
最終改正：平成 23 年 6 月 3 日法律第 61 号

目次
第一章　総則（第 1 条・第 2 条）
第二章　基本方針及び高齢者居住安定確保計画（第 3 条・第 4 条）
第三章　サービス付き高齢者向け住宅事業
　第一節　登録（第 5 条―第 14 条）
　第二節　業務（第 15 条―第 20 条）
　第三節　登録住宅に係る特例（第 21 条―第 23 条）
　第四節　監督（第 24 条―第 27 条）
　第五節　指定登録機関（第 28 条―第 40 条）
　第六節　雑則（第 41 条―第 43 条）
第四章　地方公共団体等による高齢者向けの優良な賃貸住宅の供給の促進等（第 44 条―第 51 条）
第五章　終身建物賃貸借（第 52 条―第 72 条）
第六章　住宅の加齢対応改良に対する支援措置（第 73 条）
第七章　雑則（第 74 条―第 78 条）
第八章　罰則（第 79 条―第 82 条）
附則

　第一章　総則

（目的）
第 1 条　この法律は、高齢者が日常生活を営むために必要な福祉サービスの提供を受けることができる良好な居住環境を備えた高齢者向けの賃貸住宅等の登録制度を設けるとともに、良好な居住環境を備えた高齢者向けの賃貸住宅の供給を促進するための措置を講じ、併せて高齢者に適した良好な居住環境が確保され高齢者が安定的に居住することができる賃貸住宅について終身建物賃貸借制度を設ける等の措置を講ずることにより、高齢者の居住の安定の確保を図り、もってその福祉の増進に寄与することを目的とする。

（国及び地方公共団体の責務）
第2条　国及び地方公共団体は、高齢者の居住の安定の確保を図るため、必要な施策を講ずるよう努めなければならない。

　　　第二章　基本方針及び高齢者居住安定確保計画

（基本方針）
第3条　国土交通大臣及び厚生労働大臣は、高齢者の居住の安定の確保に関する基本的な方針（以下「基本方針」という。）を定めなければならない。
2　基本方針においては、次に掲げる事項を定めるものとする。
　一　高齢者に対する賃貸住宅及び老人ホームの供給の目標の設定に関する事項
　二　高齢者に対する賃貸住宅及び老人ホームの供給の促進に関する基本的な事項
　三　高齢者が入居する賃貸住宅の管理の適正化に関する基本的な事項
　四　高齢者に適した良好な居住環境を有する住宅の整備の促進に関する基本的な事項
　五　高齢者がその居宅において日常生活を営むために必要な保健医療サービス及び福祉サービスを提供する体制（次条第2項第二号ホにおいて「高齢者居宅生活支援体制」という。）の確保に関する基本的な事項
　六　次条第1項に規定する高齢者居住安定確保計画の策定に関する基本的な事項
　七　前各号に掲げるもののほか、高齢者の居住の安定の確保に関する重要事項
3　基本方針は、高齢者のための住宅及び老人ホーム並びに高齢者のための保健医療サービス及び福祉サービスの需要及び供給の現況及び将来の見通しを勘案して定めるとともに、住生活基本法（平成18年法律第61号）第15条第1項に規定する全国計画との調和が保たれたものでなければならない。
4　国土交通大臣及び厚生労働大臣は、基本方針を定めようとするときは、総務大臣に協議しなければならない。
5　国土交通大臣及び厚生労働大臣は、基本方針を定めたときは、遅滞なく、これを公表しなければならない。
6　前3項の規定は、基本方針の変更について準用する。

（高齢者居住安定確保計画）
第4条　都道府県は、基本方針に基づき、当該都道府県の区域内における高齢者の居住の安定の確保に関する計画（以下「高齢者居住安定確保計画」という。）を定めることができる。

2　高齢者居住安定確保計画においては、次に掲げる事項を定めるものとする。
　一　当該都道府県の区域内における高齢者に対する賃貸住宅及び老人ホームの供給の目標
　二　次に掲げる事項であって、前号の目標を達成するために必要なもの
　　イ　高齢者に対する賃貸住宅及び老人ホームの供給の促進に関する事項
　　ロ　高齢者が入居する賃貸住宅の管理の適正化に関する事項
　　ハ　高齢者に適した良好な居住環境を有する住宅の整備の促進に関する事項
　　ニ　老人福祉法（昭和38年法律第133号）第5条の2第3項に規定する老人デイサービス事業その他の高齢者がその居宅において日常生活を営むために必要な保健医療サービス又は福祉サービスを提供するものとして政令で定める事業（以下「高齢者居宅生活支援事業」という。）の用に供する施設の整備の促進に関する事項
　　ホ　ニに掲げるもののほか、高齢者居宅生活支援体制の確保に関する事項
　三　計画期間
　四　前三号に掲げるもののほか、当該都道府県の区域内における高齢者の居住の安定の確保に関し必要な事項
3　都道府県は、当該都道府県の区域内において地方住宅供給公社（以下「公社」という。）による住宅の改良（改良後の住宅が加齢対応構造等（加齢に伴って生ずる高齢者の身体の機能の低下の状況に対応した構造及び設備をいう。以下同じ。）であって国土交通省令で定める基準に適合するものを有するものとすることを主たる目的とするものに限る。第73条において「住宅の加齢対応改良」という。）に関する事業の実施が必要と認められる場合には、前項第二号に掲げる事項に、当該事業の実施に関する事項を定めることができる。
4　都道府県は、高齢者居住安定確保計画に公社による前項に規定する事業の実施に関する事項を定めようとするときは、当該事項について、あらかじめ、当該公社の同意を得なければならない。
5　都道府県は、高齢者居住安定確保計画を定めようとするときは、あらかじめ、インターネットの利用その他の国土交通省令・厚生労働省令で定める方法により、住民の意見を反映させるために必要な措置を講ずるよう努めるとともに、当該都道府県の区域内の市町村（特別区を含む。以下同じ。）に協議しなければならない。この場合において、地域における多様な需要に応じた

公的賃貸住宅等の整備等に関する特別措置法（平成17年法律第79号）第5条第1項の規定により地域住宅協議会を組織している都道府県にあっては、当該地域住宅協議会の意見を聴かなければならない。

6　都道府県は、高齢者居住安定確保計画を定めたときは、遅滞なく、これを公表するよう努めるとともに、国土交通大臣及び厚生労働大臣並びに当該都道府県の区域内の市町村にその写しを送付しなければならない。

7　第3項から前項までの規定は、高齢者居住安定確保計画の変更について準用する。

第三章　サービス付き高齢者向け住宅事業

第一節　登録

（サービス付き高齢者向け住宅事業の登録）

第5条　高齢者向けの賃貸住宅又は老人福祉法第29条第1項に規定する有料老人ホーム（以下単に「有料老人ホーム」という。）であって居住の用に供する専用部分を有するものに高齢者（国土交通省令・厚生労働省令で定める年齢その他の要件に該当する者をいう。以下この章において同じ。）を入居させ、状況把握サービス（入居者の心身の状況を把握し、その状況に応じた一時的な便宜を供与するサービスをいう。以下同じ。）、生活相談サービス（入居者が日常生活を支障なく営むことができるようにするために入居者からの相談に応じ必要な助言を行うサービスをいう。以下同じ。）その他の高齢者が日常生活を営むために必要な福祉サービスを提供する事業（以下「サービス付き高齢者向け住宅事業」という。）を行う者は、サービス付き高齢者向け住宅事業に係る賃貸住宅又は有料老人ホーム（以下「サービス付き高齢者向け住宅」という。）を構成する建築物ごとに、都道府県知事の登録を受けることができる。

2　前項の登録は、5年ごとにその更新を受けなければ、その期間の経過によって、その効力を失う。

3　前項の更新の申請があった場合において、同項の期間（以下この条において「登録の有効期間」という。）の満了の日までにその申請に対する処分がされないときは、従前の登録は、登録の有効期間の満了後もその処分がされるまでの間は、なおその効力を有する。

4　前項の場合において、登録の更新がされたときは、その登録の有効期間は、従前の登録の有効期間の満了の日の翌日から起算するものとする。

（登録の申請）

第6条　前条第1項の登録（同条第2項の登録の更新を含む。以下同じ。）を受けようとする者は、国土交通省令・厚生労働省令で定めるところにより、次に掲げる事項を記載した申請書を都道府県知事に提出しなければならない。
一　商号、名称又は氏名及び住所
二　事務所の名称及び所在地
三　法人である場合においては、その役員の氏名
四　未成年者である場合においては、その法定代理人の氏名及び住所（法定代理人が法人である場合においては、その商号又は名称及び住所並びにその役員の氏名）
五　サービス付き高齢者向け住宅の位置
六　サービス付き高齢者向け住宅の戸数
七　サービス付き高齢者向け住宅の規模
八　サービス付き高齢者向け住宅の構造及び設備
九　サービス付き高齢者向け住宅の入居者（以下この章において単に「入居者」という。）の資格に関する事項
十　入居者に提供する高齢者生活支援サービス（状況把握サービス、生活相談サービスその他の高齢者が日常生活を営むために必要な福祉サービスであって国土交通省令・厚生労働省令で定めるものをいう。以下同じ。）の内容
十一　サービス付き高齢者向け住宅事業を行う者が入居者から受領する金銭に関する事項
十二　終身又は入居者と締結するサービス付き高齢者向け住宅への入居に係る契約（以下「入居契約」という。）の期間にわたって受領すべき家賃等（家賃又は高齢者生活支援サービスの提供の対価をいう。以下同じ。）の全部又は一部を前払金として一括して受領する場合にあっては、当該前払金の概算額及び当該前払金についてサービス付き高齢者向け住宅事業を行う者が返還債務を負うこととなる場合に備えて講ずる保全措置に関する事項
十三　居住の用に供する前のサービス付き高齢者向け住宅にあっては、入居開始時期
十四　入居者に対する保健医療サービス又は福祉サービスの提供について高齢者居宅生活支援事業を行う者と連携及び協力をする場合にあっては、当該連携及び協力に関する事項
十五　その他国土交通省令・厚生労働省令で定める事項

2　前項の申請書には、入居契約に係る約款その他の国土交通省令・厚生労働省令で定める書類を添付しなければならない。

（登録の基準等）

第7条　都道府県知事は、第5条第1項の登録の申請が次に掲げる基準に適合していると認めるときは、次条第1項の規定により登録を拒否する場合を除き、その登録をしなければならない。

一　サービス付き高齢者向け住宅の各居住部分（賃貸住宅にあっては住戸をいい、有料老人ホームにあっては入居者ごとの専用部分をいう。以下同じ。）の床面積が、国土交通省令・厚生労働省令で定める規模以上であること。

二　サービス付き高齢者向け住宅の構造及び設備（加齢対応構造等であるものを除く。）が、高齢者の入居に支障を及ぼすおそれがないものとして国土交通省令・厚生労働省令で定める基準に適合するものであること。

三　サービス付き高齢者向け住宅の加齢対応構造等が、第54条第一号ロに規定する基準又はこれに準ずるものとして国土交通省令・厚生労働省令で定める基準に適合するものであること。

四　入居者の資格を、自ら居住するため賃貸住宅又は有料老人ホームを必要とする高齢者又は当該高齢者と同居するその配偶者（婚姻の届出をしていないが事実上夫婦と同様の関係にあるものを含む。以下同じ。）とするものであること。

五　入居者に国土交通省令・厚生労働省令で定める基準に適合する状況把握サービス及び生活相談サービスを提供するものであること。

六　入居契約が次に掲げる基準に適合する契約であること。

　イ　書面による契約であること。

　ロ　居住部分が明示された契約であること。

　ハ　サービス付き高齢者向け住宅事業を行う者が、敷金並びに家賃等及び前条第1項第十二号の前払金（以下「家賃等の前払金」という。）を除くほか、権利金その他の金銭を受領しない契約であること。

　ニ　家賃等の前払金を受領する場合にあっては、当該家賃等の前払金の算定の基礎及び当該家賃等の前払金についてサービス付き高齢者向け住宅事業を行う者が返還債務を負うこととなる場合における当該返還債務の金額の算定方法が明示された契約であること。

　ホ　入居者の入居後、国土交通省令・厚生労働省令で定める一定の期間が経過する日までの間に契約が解除され、又は入居者の死亡により終了し

　　　　た場合において、サービス付き高齢者向け住宅事業を行う者が、国土交
　　　　通省令・厚生労働省令で定める方法により算定される額を除き、家賃等
　　　　の前払金を返還することとなる契約であること。
　　　ヘ　サービス付き高齢者向け住宅事業を行う者が、入居者の病院への入院
　　　　その他の国土交通省令・厚生労働省令で定める理由により居住部分を変
　　　　更し、又はその契約を解約することができないものであること。
　　七　サービス付き高齢者向け住宅の整備をしてサービス付き高齢者向け住宅
　　　事業を行う場合にあっては、当該整備に関する工事の完了前に敷金又は家
　　　賃等の前払金を受領しないものであること。
　　八　家賃等の前払金についてサービス付き高齢者向け住宅事業を行う者が返
　　　還債務を負うこととなる場合に備えて、国土交通省令・厚生労働省令で定
　　　めるところにより必要な保全措置が講じられるものであること。
　　九　その他基本方針（サービス付き高齢者向け住宅が高齢者居住安定確保計
　　　画が定められている都道府県の区域内にある場合にあっては、基本方針及
　　　び高齢者居住安定確保計画）に照らして適切なものであること。
２　第５条第１項の登録は、サービス付き高齢者向け住宅登録簿（以下「登録
　簿」という。）に次に掲げる事項を記載してするものとする。
　一　前条第１項各号に掲げる事項
　二　登録年月日及び登録番号
３　都道府県知事は、第１項の登録をしたときは、遅滞なく、その旨を当該登
　録を受けた者に通知しなければならない。
４　都道府県知事は、第５条第１項の登録の申請が第１項の基準に適合しない
　と認めるときは、遅滞なく、その理由を示して、その旨を申請者に通知しな
　ければならない。
５　都道府県知事は、第５条第１項の登録をしたときは、遅滞なく、その旨を、
　当該登録を受けたサービス付き高齢者向け住宅事業（以下「登録事業」とい
　う。）に係るサービス付き高齢者向け住宅（以下「登録住宅」という。）の存
　する市町村の長に通知しなければならない。
（登録の拒否）
第８条　都道府県知事は、第５条第１項の登録を受けようとする者が次の各号
　のいずれかに該当するとき、又は第６条第１項の申請書若しくはその添付書
　類のうちに重要な事項について虚偽の記載があり、若しくは重要な事実の記
　載が欠けているときは、その登録を拒否しなければならない。

一　成年被後見人又は被保佐人
二　破産手続開始の決定を受けて復権を得ない者
三　禁錮以上の刑に処せられ、又はこの法律の規定により刑に処せられ、その執行を終わり、又は執行を受けることがなくなった日から起算して1年を経過しない者
四　第26条第2項の規定により登録を取り消され、その取消しの日から起算して1年を経過しない者
五　暴力団員による不当な行為の防止等に関する法律（平成3年法律第77号）第2条第六号に規定する暴力団員又は同号に規定する暴力団員でなくなった日から5年を経過しない者（第九号において「暴力団員等」という。）
六　営業に関し成年者と同一の行為能力を有しない未成年者でその法定代理人（法定代理人が法人である場合においては、その役員を含む。）が前各号のいずれかに該当するもの
七　法人であって、その役員又は政令で定める使用人のうちに第一号から第五号までのいずれかに該当する者があるもの
八　個人であって、その政令で定める使用人のうちに第一号から第五号までのいずれかに該当する者があるもの
九　暴力団員等がその事業活動を支配する者

2　都道府県知事は、前項の規定により登録の拒否をしたときは、遅滞なく、その旨を当該登録の申請をした者に通知しなければならない。

（登録事項等の変更）

第9条　登録事業を行う者（以下「登録事業者」という。）は、第6条第1項各号に掲げる事項（以下「登録事項」という。）に変更があったとき、又は同条第2項に規定する添付書類の記載事項に変更があったときは、その日から30日以内に、その旨を都道府県知事に届け出なければならない。

2　前項の規定による届出をする場合には、国土交通省令・厚生労働省令で定める書類を添付しなければならない。

3　都道府県知事は、第1項の規定による届出（登録事項の変更に係るものに限る。）を受けたときは、第26条第1項又は第2項の規定により登録を取り消す場合を除き、当該変更があった登録事項を登録簿に記載して、変更の登録をしなければならない。

4　都道府県知事は、前項の規定により変更の登録をしたときは、遅滞なく、その旨を当該登録に係る登録住宅の存する市町村の長に通知しなければなら

ない。
（登録簿の閲覧）
第10条　都道府県知事は、登録簿を一般の閲覧に供しなければならない。
（地位の承継）
第11条　登録事業者がその登録事業を譲渡したときは、譲受人は、登録事業者の地位を承継する。
2　登録事業者について相続、合併又は分割（登録事業を承継させるものに限る。）があったときは、相続人、合併後存続する法人若しくは合併により設立された法人又は分割によりその事業を承継した法人は、登録事業者の地位を承継する。
3　前2項の規定により登録事業者の地位を承継した者は、その承継の日から30日以内に、その旨を都道府県知事に届け出なければならない。
4　第9条第2項から第4項までの規定は、前項の規定による届出について準用する。この場合において、同条第3項中「第26条第1項又は第2項」とあるのは、「第26条第1項」と読み替えるものとする。
（廃業等の届出）
第12条　登録事業者は、次の各号のいずれかに該当するときは、その日の30日前までに、その旨を都道府県知事に届け出なければならない。
　一　登録事業を廃止しようとするとき。
　二　登録事業者である法人が合併及び破産手続開始の決定以外の理由により解散しようとするとき。
2　登録事業者が破産手続開始の決定を受けたときは、破産管財人は、その日から30日以内に、その旨を都道府県知事に届け出なければならない。
3　登録事業者が次の各号に掲げる場合のいずれかに該当するに至ったときは、第5条第1項の登録は、その効力を失う。
　一　登録事業を廃止した場合
　二　破産手続開始の決定を受けた場合
　三　登録事業者である法人が合併及び破産手続開始の決定以外の理由により解散した場合
（登録の抹消）
第13条　都道府県知事は、次の各号のいずれかに該当するときは、登録事業の登録を抹消しなければならない。
　一　登録事業者から登録の抹消の申請があったとき。

二　第5条第2項又は前条第3項の規定により登録が効力を失ったとき。
　三　第26条第1項若しくは第2項又は第27条第1項の規定により登録が取り消されたとき。
2　都道府県知事は、前項の規定により登録を抹消したときは、遅滞なく、その旨を、当該登録に係る登録住宅の存する市町村の長に通知しなければならない。

（名称の使用制限）
第14条　何人も、登録住宅以外の賃貸住宅又は有料老人ホームについて、登録サービス付き高齢者向け住宅又はこれに類似する名称を用いてはならない。

　　　　　　第二節　業務

（誇大広告の禁止）
第15条　登録事業者は、その登録事業の業務に関して広告をするときは、入居者に提供する高齢者生活支援サービスの内容その他の国土交通省令・厚生労働省令で定める事項について、著しく事実に相違する表示をし、又は実際のものよりも著しく優良であり、若しくは有利であると人を誤認させるような表示をしてはならない。

（登録事項の公示）
第16条　登録事業者は、国土交通省令・厚生労働省令で定めるところにより、登録事項を公示しなければならない。

（契約締結前の書面の交付及び説明）
第17条　登録事業者は、登録住宅に入居しようとする者に対し、入居契約を締結するまでに、登録事項その他国土交通省令・厚生労働省令で定める事項について、これらの事項を記載した書面を交付して説明しなければならない。

（高齢者生活支援サービスの提供）
第18条　登録事業者は、入居契約に従って高齢者生活支援サービスを提供しなければならない。

（帳簿の備付け等）
第19条　登録事業者は、国土交通省令・厚生労働省令で定めるところにより、登録住宅の管理に関する事項で国土交通省令・厚生労働省令で定めるものを記載した帳簿を備え付け、これを保存しなければならない。

（その他遵守事項）
第20条　この法律に規定するもののほか、登録住宅に入居する高齢者の居住の安定を確保するために登録事業者の遵守すべき事項は、国土交通省令・厚生

労働省令で定める。
第三節　登録住宅に係る特例
（公営住宅の使用）

第21条　公営住宅（公営住宅法（昭和26年法律第193号）第2条第二号に規定する公営住宅をいう。以下同じ。）の事業主体（同条第十六号に規定する事業主体をいう。以下同じ。）は、公営住宅を登録事業者に登録住宅として使用させることが必要であると認める場合において国土交通大臣の承認を得たときは、公営住宅の適正かつ合理的な管理に著しい支障のない範囲内で、当該公営住宅を登録事業者に使用させることができる。

2　公営住宅法第45条第3項及び第4項の規定は、前項の規定による承認及び公営住宅の使用について準用する。

（住宅融資保険法の特例）

第22条　登録住宅への入居に係る終身又は入居契約の期間にわたって支払うべき家賃の全部又は一部を前払金として一括して支払うための資金の貸付けについては、これを住宅融資保険法（昭和30年法律第63号）第4条の保険関係が成立する貸付けとみなして、同法の規定を適用する。

（老人福祉法の特例）

第23条　第5条第1項の登録を受けている有料老人ホームの設置者（当該有料老人ホームを設置しようとする者を含む。）については、老人福祉法第29条第1項から第3項までの規定は、適用しない。

第四節　監督
（報告、検査等）

第24条　都道府県知事は、この章の規定の施行に必要な限度において、登録事業者又は登録事業者から登録住宅の管理若しくは高齢者生活支援サービスの提供を委託された者（以下この項において「管理等受託者」という。）に対し、その業務に関し必要な報告を求め、又はその職員に、登録事業者若しくは管理等受託者の事務所若しくは登録住宅に立ち入り、その業務の状況若しくは帳簿、書類その他の物件を検査させ、若しくは関係者に質問させることができる。

2　前項の規定による立入検査において、現に居住の用に供している登録住宅の居住部分に立ち入るときは、あらかじめ、当該居住部分に係る入居者の承諾を得なければならない。

3　第1項の規定により立入検査をする職員は、その身分を示す証明書を携帯

し、関係者に提示しなければならない。
4　第1項の規定による権限は、犯罪捜査のために認められたものと解釈してはならない。

（指示）

第 25 条　都道府県知事は、登録された登録事項が事実と異なるときは、その登録事業者に対し、当該事項の訂正を申請すべきことを指示することができる。

2　都道府県知事は、登録事業が第7条第1項各号に掲げる基準に適合しないと認めるときは、その登録事業者に対し、その登録事業を当該基準に適合させるために必要な措置をとるべきことを指示することができる。

3　都道府県知事は、登録事業者が第15条から第19条までの規定に違反し、又は第20条の国土交通省令・厚生労働省令で定める事項を遵守していないと認めるときは、当該登録事業者に対し、その是正のために必要な措置をとるべきことを指示することができる。

（登録の取消し）

第 26 条　都道府県知事は、登録事業者が次の各号のいずれかに該当するときは、その登録事業の登録を取り消さなければならない。

一　第8条第1項第一号、第三号、第五号又は第九号のいずれかに該当するに至ったとき。

二　登録事業者が次のイからハまでに掲げる場合に該当するときは、それぞれ当該イからハまでに定める者が、第8条第1項第一号から第三号まで又は第五号のいずれかに該当するに至ったとき。

　イ　営業に関し成年者と同一の行為能力を有しない未成年者である場合　法定代理人（法人である場合においては、その役員を含む。）

　ロ　法人である場合　役員又は第8条第1項第七号の政令で定める使用人

　ハ　個人である場合　第8条第1項第八号の政令で定める使用人

三　不正な手段により第5条第1項の登録を受けたとき。

2　都道府県知事は、登録事業者が次の各号のいずれかに該当するときは、その登録事業の登録を取り消すことができる。

一　第9条第1項又は第11条第3項の規定に違反したとき。

二　前条の規定による指示に違反したとき。

3　都道府県知事は、前2項の規定により登録を取り消したときは、遅滞なく、その旨を当該登録事業者であった者に通知しなければならない。

（所在不明者等の登録の取消し）

第27条　都道府県知事は、登録事業者の事務所の所在地又は当該登録事業者の所在（法人である場合においては、その役員の所在）を確知できない場合において、国土交通省令・厚生労働省令で定めるところにより、その事実を公告し、その公告の日から30日を経過しても当該登録事業者から申出がないときは、その登録事業の登録を取り消すことができる。

2　前項の規定による処分については、行政手続法（平成5年法律第88号）第三章の規定は、適用しない。

　　　　　第五節　指定登録機関
（指定登録機関の指定等）

第28条　都道府県知事は、その指定する者（以下「指定登録機関」という。）に、サービス付き高齢者向け住宅事業の登録及び登録簿の閲覧の実施に関する事務（前節の規定による事務を除く。以下「登録事務」という。）の全部又は一部を行わせることができる。

2　指定登録機関の指定（以下この節において単に「指定」という。）は、登録事務を行おうとする者の申請により行う。

3　都道府県知事は、指定をしたときは、指定登録機関が行う登録事務を行わないものとし、この場合における登録事務の引継ぎその他の必要な事項は、国土交通省令・厚生労働省令で定める。

4　指定登録機関が登録事務を行う場合における第5条から第13条までの規定の適用については、これらの規定中「都道府県知事」とあるのは、「指定登録機関」とする。

（欠格条項）

第29条　次の各号のいずれかに該当する者は、指定を受けることができない。

　一　未成年者、成年被後見人又は被保佐人
　二　破産者で復権を得ないもの
　三　禁錮以上の刑に処せられ、又はこの法律の規定により刑に処せられ、その執行を終わり、又は執行を受けることがなくなった日から起算して2年を経過しない者
　四　第38条第1項又は第2項の規定により指定を取り消され、その取消しの日から起算して2年を経過しない者
　五　法人であって、その役員のうちに前各号のいずれかに該当する者があるもの

（指定の基準）

第30条　都道府県知事は、当該都道府県の区域において他に指定登録機関の指定を受けた者がなく、かつ、指定の申請が次に掲げる基準に適合していると認めるときでなければ、指定をしてはならない。
　一　職員、登録事務の実施の方法その他の事項についての登録事務の実施に関する計画が、登録事務の適確な実施のために適切なものであること。
　二　前号の登録事務の実施に関する計画を適確に実施するに足りる経理的及び技術的な基礎を有するものであること。
　三　登録事務以外の業務を行っている場合には、その業務を行うことによって登録事務の公正な実施に支障を及ぼすおそれがないものであること。
　四　前三号に定めるもののほか、登録事務を公正かつ適確に行うことができるものであること。

（指定の公示等）

第31条　都道府県知事は、指定をしたときは、指定登録機関の名称及び住所、指定登録機関が行う登録事務の範囲、登録事務を行う事務所の所在地並びに登録事務の開始の日を公示しなければならない。

2　指定登録機関は、その名称若しくは住所又は登録事務を行う事務所の所在地を変更しようとするときは、変更しようとする日の2週間前までに、その旨を都道府県知事に届け出なければならない。

3　都道府県知事は、前項の規定による届出があったときは、その旨を公示しなければならない。

（秘密保持義務等）

第32条　指定登録機関（その者が法人である場合にあっては、その役員。次項において同じ。）及びその職員並びにこれらの者であった者は、登録事務に関して知り得た秘密を漏らし、又は自己の利益のために使用してはならない。

2　指定登録機関及びその職員で登録事務に従事する者は、刑法（明治40年法律第45号）その他の罰則の適用については、法令により公務に従事する職員とみなす。

（登録事務規程）

第33条　指定登録機関は、登録事務に関する規程（以下「登録事務規程」という。）を定め、都道府県知事の認可を受けなければならない。これを変更しようとするときも、同様とする。

2　登録事務規程で定めるべき事項は、国土交通省令・厚生労働省令で定める。

3　都道府県知事は、第1項の認可をした登録事務規程が登録事務の公正かつ

適確な実施上不適当となったと認めるときは、その登録事務規程を変更すべきことを命ずることができる。

(帳簿の備付け等)

第34条　指定登録機関は、国土交通省令・厚生労働省令で定めるところにより、登録事務に関する事項で国土交通省令・厚生労働省令で定めるものを記載した帳簿を備え付け、これを保存しなければならない。

2　前項に定めるもののほか、指定登録機関は、国土交通省令・厚生労働省令で定めるところにより、登録事務に関する書類で国土交通省令・厚生労働省令で定めるものを保存しなければならない。

(監督命令)

第35条　都道府県知事は、登録事務の公正かつ適確な実施を確保するため必要があると認めるときは、指定登録機関に対し、登録事務に関し監督上必要な命令をすることができる。

(報告、検査等)

第36条　都道府県知事は、登録事務の公正かつ適確な実施を確保するため必要があると認めるときは、指定登録機関に対し登録事務に関し必要な報告を求め、又はその職員に、指定登録機関の事務所に立ち入り、登録事務の状況若しくは帳簿、書類その他の物件を検査させ、若しくは関係者に質問させることができる。

2　前項の規定により立入検査をする職員は、その身分を示す証明書を携帯し、関係者に提示しなければならない。

3　第1項の規定による権限は、犯罪捜査のために認められたものと解釈してはならない。

(登録事務の休廃止)

第37条　指定登録機関は、都道府県知事の許可を受けなければ、登録事務の全部若しくは一部を休止し、又は廃止してはならない。

2　都道府県知事は、前項の許可をしたときは、その旨を公示しなければならない。

(指定の取消し等)

第38条　都道府県知事は、指定登録機関が第29条各号(第四号を除く。)のいずれかに該当するに至ったときは、その指定を取り消さなければならない。

2　都道府県知事は、指定登録機関が次の各号のいずれかに該当するときは、その指定を取り消し、又は期間を定めて登録事務の全部若しくは一部の停止

を命ずることができる。
一　第28条第4項の規定により読み替えて適用する第7条、第8条、第9条第3項及び第4項（第11条第4項においてこれらの規定を準用する場合を含む。）、第10条又は第13条の規定に違反したとき。
二　第31条第2項、第34条又は前条第1項の規定に違反したとき。
三　第33条第1項の認可を受けた登録事務規程によらないで登録事務を行ったとき。
四　第33条第3項又は第35条の規定による命令に違反したとき。
五　第30条各号に掲げる基準に適合していないと認めるとき。
六　登録事務に関し著しく不適当な行為をしたとき、又は法人にあってはその役員が登録事務に関し著しく不適当な行為をしたとき。
七　不正な手段により指定を受けたとき。
3　都道府県知事は、前2項の規定により指定を取り消し、又は前項の規定により登録事務の全部若しくは一部の停止を命じたときは、その旨を公示しなければならない。

（都道府県知事による登録事務の実施）
第39条　都道府県知事は、指定登録機関が第37条第1項の規定により登録事務の全部若しくは一部を休止したとき、前条第2項の規定により指定登録機関に対し登録事務の全部若しくは一部の停止を命じたとき、又は指定登録機関が天災その他の事由により登録事務の全部若しくは一部を実施することが困難となった場合において必要があると認めるときは、第28条第3項の規定にかかわらず、登録事務の全部又は一部を自ら行うものとする。
2　都道府県知事は、前項の規定により登録事務を行うこととし、又は同項の規定により行っている登録事務を行わないこととするときは、その旨を公示しなければならない。
3　都道府県知事が、第1項の規定により登録事務を行うこととし、第37条第1項の規定により登録事務の廃止を許可し、若しくは前条第1項若しくは第2項の規定により指定を取り消し、又は第1項の規定により行っている登録事務を行わないこととする場合における登録事務の引継ぎその他の必要な事項は、国土交通省令・厚生労働省令で定める。

（登録手数料）
第40条　都道府県は、地方自治法（昭和22年法律第67号）第227条の規定に基づき登録に係る手数料を徴収する場合においては、第28条の規定により

指定登録機関が行う登録を受けようとする者に、条例で定めるところにより、当該手数料を当該指定登録機関に納めさせることができる。
2　前項の規定により指定登録機関に納められた手数料は、当該指定登録機関の収入とする。

第六節　雑則

(独立行政法人住宅金融支援機構等の資金の貸付けについての配慮)

第41条　独立行政法人住宅金融支援機構及び沖縄振興開発金融公庫は、法令及びその事業計画の範囲内において、登録住宅の整備が円滑に行われるよう、必要な資金の貸付けについて配慮するものとする。

(資金の確保等)

第42条　国及び地方公共団体は、登録住宅の整備のために必要な資金の確保又はその融通のあっせんに努めるものとする。

(賃貸住宅等への円滑な入居のための援助)

第43条　都道府県知事は、登録事業者が破産手続開始の決定を受けたときその他入居者（入居者であった者を含む。）の居住の安定を図るため必要があると認めるときは、当該入居者に対し、他の適当な賃貸住宅又は有料老人ホームに円滑に入居するために必要な助言その他の援助を行うように努めるものとする。

第四章　地方公共団体等による高齢者向けの優良な賃貸住宅の供給の促進等

(地方公共団体による高齢者向けの優良な賃貸住宅の供給)

第44条　地方公共団体は、その区域内において良好な居住環境を備えた高齢者向けの賃貸住宅（第46条において「高齢者向けの優良な賃貸住宅」という。）が不足している場合においては、基本方針に従って、その整備及び管理に努めなければならない。

(地方公共団体に対する費用の補助)

第45条　国は、地方公共団体が次に掲げる基準に適合する賃貸住宅の整備及び管理を行う場合においては、予算の範囲内において、政令で定めるところにより、当該賃貸住宅の整備に要する費用の一部を補助することができる。

一　賃貸住宅の規模及び設備（加齢対応構造等であるものを除く。）が、国土交通省令で定める基準に適合するものであること。

二　賃貸住宅の加齢対応構造等が、第54条第一号ロに規定する基準又はこれに準ずるものとして国土交通省令で定める基準に適合するものであること。

三　賃貸住宅の入居者の資格を、自ら居住するため住宅を必要とする高齢者（国土交通省令で定める年齢その他の要件に該当する者に限る。以下この号において同じ。）又は当該高齢者と同居するその配偶者とするものであること。

四　賃貸住宅の入居者の家賃の額が、近傍同種の住宅の家賃の額と均衡を失しないよう定められるものであること。

五　賃貸住宅の入居者の募集及び選定の方法並びに賃貸の条件が、国土交通省令で定める基準に従い適正に定められるものであること。

六　前三号に掲げるもののほか、賃貸住宅の管理の方法が国土交通省令で定める基準に適合するものであること。

七　その他基本方針に照らして適切なものであること。

2　国は、地方公共団体が入居者の居住の安定を図るため前項の賃貸住宅の家賃を減額する場合においては、予算の範囲内において、政令で定めるところにより、その減額に要する費用の一部を補助することができる。

（機構又は公社に対する供給の要請）

第46条　地方公共団体は、自ら高齢者向けの優良な賃貸住宅の整備及び管理を行うことが困難であり、又は自ら高齢者向けの優良な賃貸住宅の整備及び管理を行うのみではその不足を補うことができないと認めるときは、独立行政法人都市再生機構（以下「機構」という。）又は公社に対し、国土交通省令で定めるところにより、高齢者向けの優良な賃貸住宅の整備及び管理を行うよう要請することができる。

（要請に基づき供給する機構に対する費用の負担及び補助）

第47条　機構は、前条の規定による要請に基づいて第45条第1項各号に掲げる基準に適合する賃貸住宅の整備及び管理を行うときは、当該要請をした地方公共団体に対し、その利益を受ける限度において、政令で定めるところにより、当該賃貸住宅の整備に要する費用の一部又は入居者の居住の安定を図るため当該賃貸住宅の家賃を減額する場合における当該減額に要する費用の一部を負担することを求めることができる。

2　前項の場合において、地方公共団体が負担する費用の額及び負担の方法は、機構と地方公共団体とが協議して定める。

3　前項の規定による協議が成立しないときは、当事者の申請に基づき、国土交通大臣が裁定する。この場合において、国土交通大臣は、当事者の意見を聴くとともに、総務大臣と協議しなければならない。

4 国は、機構が前条の規定による要請に基づいて第45条第1項各号に掲げる基準に適合する賃貸住宅の整備及び管理を行う場合においては、予算の範囲内において、政令で定めるところにより、当該賃貸住宅の整備に要する費用の一部又は入居者の居住の安定を図るため当該賃貸住宅の家賃を減額する場合における当該減額に要する費用の一部を補助することができる。

(要請に基づき供給する公社に対する費用の補助)

第48条 地方公共団体は、公社が第46条の規定による要請に基づいて第45条第1項各号に掲げる基準に適合する賃貸住宅の整備及び管理を行う場合においては、当該賃貸住宅の整備に要する費用の一部又は入居者の居住の安定を図るため当該賃貸住宅の家賃を減額する場合における当該減額に要する費用の一部を補助することができる。

2 国は、地方公共団体が前項の規定により補助金を交付する場合には、予算の範囲内において、政令で定めるところにより、その費用の一部を補助することができる。

(機構に対する費用の補助)

第49条 国は、第47条第4項の規定による場合のほか、機構が次に掲げる基準に適合する賃貸住宅の整備及び管理を行う場合においては、予算の範囲内において、政令で定めるところにより、当該賃貸住宅の整備に要する費用の一部を補助することができる。

一 賃貸住宅の戸数が、国土交通省令で定める戸数以上であること。

二 賃貸住宅の規模並びに構造及び設備(加齢対応構造等であるものを除く。)が、国土交通省令で定める基準に適合するものであること。

三 賃貸住宅の加齢対応構造等が、第54条第一号ロに規定する基準又はこれに準ずるものとして国土交通省令で定める基準に適合するものであること。

四 賃貸住宅の入居者の資格を、自ら居住するため住宅を必要とする高齢者(国土交通省令で定める年齢その他の要件に該当する者に限る。以下この号において同じ。)又は当該高齢者と同居するその配偶者とするものであること。

五 前号に掲げるもの及び独立行政法人都市再生機構法(平成15年法律第100号)第25条に定めるもののほか、賃貸住宅の管理の方法が国土交通省令で定める基準に適合するものであること。

六 その他基本方針に照らして適切なものであること。

2 国は、第47条第4項の規定による場合のほか、機構が入居者の居住の安定

を図るため前項の賃貸住宅の家賃を減額する場合においては、予算の範囲内において、政令で定めるところにより、その減額に要する費用の一部を補助することができる。

（補助等に係る高齢者向けの優良な賃貸住宅についての周知措置）

第50条　地方公共団体、機構又は公社は、第45条、第47条第4項、第48条第1項若しくは前条又は第47条第1項の規定による費用の補助又は負担を受けて整備し、又は家賃を減額する賃貸住宅について、国土交通省令で定めるところにより、入居者の募集に先立ち、第5条第1項の登録の申請その他の方法により当該賃貸住宅が加齢対応構造等を有するものである旨及び当該加齢対応構造等の内容その他必要な事項を周知させる措置を講じなければならない。

（公営住宅の使用）

第51条　公営住宅の事業主体は、高齢者向けの賃貸住宅の不足その他の特別の事由により公営住宅を公営住宅法第23条に規定する条件を具備しない高齢者に使用させることが必要であると認める場合において国土交通大臣の承認を得たときは、公営住宅の適正かつ合理的な管理に著しい支障のない範囲内で、当該公営住宅を当該高齢者に使用させることができる。この場合において、事業主体は、当該公営住宅を次に掲げる基準に従って管理しなければならない。

一　入居者の資格を、自ら居住するため住宅を必要とする高齢者（国土交通省令で定める年齢その他の要件に該当する者に限る。）とするものであること。

二　入居者の家賃の額が、近傍同種の住宅の家賃の額と均衡を失しないよう定められるものであること。

三　前二号に掲げるもの並びに公営住宅法第16条第4項及び第5項、第18条から第22条まで、第25条第2項、第27条並びに第32条に定めるもののほか、入居者の選定方法その他の当該公営住宅の管理の方法が国土交通省令で定める基準に適合するものであること。

2　公営住宅法第45条第3項及び第4項の規定は、前項の規定による承認及び公営住宅の使用について準用する。

3　前2項の規定により公営住宅を使用させる場合における公営住宅法第16条第4項及び第5項、第34条並びに第50条の規定の適用については、同法第16条第4項中「第1項」とあるのは「第1項及び高齢者の居住の安定確保に

関する法律(以下「高齢者居住法」という。)第51条第1項」と、同条第5項中「前各項」とあるのは「前各項(前項にあっては、高齢者居住法第51条第3項の規定により読み替えて適用される場合を含む。)」と、同法第34条中「第16条第4項(第28条第3項又は第29条第8項において準用する場合を含む。)」とあるのは「第16条第4項(第28条第3項若しくは第29条第8項において準用する場合又は高齢者居住法第51条第3項の規定により読み替えて適用される場合を含む。)」と、同法第50条中「この法律又はこの」とあるのは「この法律若しくは高齢者居住法又はこれらの」とする。

第五章　終身建物賃貸借

(事業の認可及び借地借家法の特例)

第52条　自ら居住するため住宅を必要とする高齢者(60歳以上の者であって、賃借人となる者以外に同居する者がないもの又は同居する者が配偶者若しくは60歳以上の親族(配偶者を除く。以下この章において同じ。)であるものに限る。以下この章において同じ。)又は当該高齢者と同居するその配偶者を賃借人とし、当該賃借人の終身にわたって住宅を賃貸する事業を行おうとする者(以下「終身賃貸事業者」という。)は、当該事業について都道府県知事(機構又は都道府県が終身賃貸事業者である場合にあっては、国土交通大臣。以下この章において同じ。)の認可を受けた場合においては、公正証書による等書面によって契約をするときに限り、借地借家法(平成3年法律第90号)第30条の規定にかかわらず、当該事業に係る建物の賃貸借(1戸の賃貸住宅の賃借人が2人以上であるときは、それぞれの賃借人に係る建物の賃貸借)について、賃借人が死亡した時に終了する旨を定めることができる。

(事業認可申請書)

第53条　終身賃貸事業者は、前条の認可を受けようとするときは、国土交通省令で定めるところにより、次に掲げる事項を記載した事業認可申請書を作成し、これを都道府県知事に提出しなければならない。

　一　終身賃貸事業者の氏名又は名称及び住所
　二　賃貸住宅の位置
　三　賃貸住宅の戸数
　四　賃貸住宅の規模並びに構造及び設備
　五　賃貸住宅の賃借人の資格に関する事項
　六　賃貸住宅の賃貸の条件に関する事項
　七　前二号に掲げるもののほか、賃貸住宅の管理の方法

八　その他国土交通省令で定める事項
２　終身賃貸事業者は、前条の認可の申請を当該賃貸住宅に係る第５条第１項の登録の申請と併せて行う場合には、前項の規定にかかわらず、同項第二号から第四号までに掲げる事項の記載を省略することができる。
（認可の基準）
第54条　都道府県知事は、第 52 条の認可の申請があった場合において、当該申請に係る事業が次に掲げる基準に適合すると認めるときは、同条の認可をすることができる。
　一　賃貸住宅が、次に掲げる基準に適合するものであること。
　　イ　賃貸住宅の規模及び設備（加齢対応構造等であるものを除く。）が、国土交通省令で定める基準に適合するものであること。
　　ロ　賃貸住宅の加齢対応構造等が、段差のない床、浴室等の手すり、介助用の車椅子で移動できる幅の廊下その他の加齢に伴って生ずる高齢者の身体の機能の低下を補い高齢者が日常生活を支障なく営むために必要な構造及び設備の基準として国土交通省令で定める基準に適合するものであること。
　二　賃貸住宅において、公正証書による等書面によって契約をする建物の賃貸借（１戸の賃貸住宅の賃借人が２人以上であるときは、それぞれの賃借人に係る建物の賃貸借）であって賃借人の死亡に至るまで存続し、かつ、賃借人が死亡した時に終了するもの（以下「終身建物賃貸借」という。）をするものであること。ただし、賃借人を仮に入居させるために、終身建物賃貸借に先立ち、定期建物賃貸借（借地借家法第 38 条第１項の規定による建物賃貸借をいい、１年以内の期間を定めたものに限る。次号において同じ。）をする場合は、この限りでない。
　三　賃貸住宅の賃借人となろうとする者（１戸の賃貸住宅の賃借人となろうとする者が２人以上であるときは、当該賃借人となろうとする者の全て）から仮に入居する旨の申出があった場合においては、終身建物賃貸借に先立ち、その者を仮に入居させるため定期建物賃貸借をするものであること。
　四　賃貸住宅の賃貸の条件が、権利金その他の借家権の設定の対価を受領しないものであることその他国土交通省令で定める基準に従い適正に定められるものであること。
　五　賃貸住宅の整備をして事業を行う場合にあっては、当該整備に関する工事の完了前に、敷金を受領せず、かつ、終身にわたって受領すべき家賃の

全部又は一部を前払金として一括して受領しないものであること。
　六　前号の前払金を受領する場合にあっては、当該前払金の算定の基礎が書面で明示されるものであり、かつ、当該前払金について終身賃貸事業者が返還債務を負うこととなる場合に備えて国土交通省令で定めるところにより必要な保全措置が講じられるものであること。
　七　第二号から前号までに掲げるもののほか、賃貸住宅の管理の方法が国土交通省令で定める基準に適合するものであること。
　八　その他基本方針（当該事業が高齢者居住安定確保計画が定められている都道府県の区域内のものである場合にあっては、基本方針及び高齢者居住安定確保計画。第65条において同じ。）に照らして適切なものであること。
（事業の認可の通知）
第55条　都道府県知事は、第52条の認可をしたときは、速やかに、その旨を当該認可を受けた終身賃貸事業者に通知しなければならない。
（事業の変更）
第56条　第52条の認可を受けた終身賃貸事業者は、当該認可を受けた事業の変更（国土交通省令で定める軽微な変更を除く。）をしようとするときは、あらかじめ、都道府県知事の認可を受けなければならない。
２　前2条の規定は、前項の変更の認可について準用する。
（期間付死亡時終了建物賃貸借）
第57条　第52条の認可（前条第1項の変更の認可を含む。以下「事業の認可」という。）を受けた終身賃貸事業者（以下「認可事業者」という。）は、当該事業の認可に係る賃貸住宅（以下「認可住宅」という。）において、第54条第二号及び第三号の規定にかかわらず、賃借人となろうとする者（1戸の認可住宅の賃借人となろうとする者が2人以上であるときは、当該賃借人となろうとする者の全て）から特に申出があった場合においては、公正証書による等書面によって契約をする建物の賃貸借（1戸の認可住宅の賃借人が2人以上であるときは、それぞれの賃借人に係る建物の賃貸借）であって借地借家法第38条第1項の規定により契約の更新がないこととする旨が定められた期間の定めがあり、かつ、賃借人が死亡した時に終了するもの（以下「期間付死亡時終了建物賃貸借」という。）をすることができる。
（認可事業者による終身建物賃貸借の解約の申入れ）
第58条　終身建物賃貸借においては、認可事業者は、次の各号のいずれかに該当する場合に限り、都道府県知事の承認を受けて、当該賃貸借の解約の申入

れをすることができる。
　一　認可住宅の老朽、損傷、一部の滅失その他の事由により、家賃の価額その他の事情に照らし、当該認可住宅を、第54条第一号に掲げる基準等を勘案して適切な規模、構造及び設備を有する賃貸住宅として維持し、又は当該賃貸住宅に回復するのに過分の費用を要するに至ったとき。
　二　賃借人（1戸の認可住宅に賃借人が2人以上いるときは、当該賃借人の全て）が認可住宅に長期間にわたって居住せず、かつ、当面居住する見込みがないことにより、当該認可住宅を適正に管理することが困難となったとき。
2　借地借家法第28条の規定は、前項の解約の申入れについては、適用しない。

（賃借人による終身建物賃貸借の解約の申入れ等）

第59条　終身建物賃貸借においては、賃借人は、次の各号のいずれかに該当する場合には、当該賃貸借の解約の申入れをすることができる。この場合において、当該賃貸借は、第一号から第三号までに掲げる場合にあっては解約の申入れの日から1月を経過すること、第四号に掲げる場合にあっては当該解約の期日が到来することによって終了する。
　一　療養、老人ホームへの入所その他のやむを得ない事情により、賃借人が認可住宅に居住することが困難となったとき。
　二　親族と同居するため、賃借人が認可住宅に居住する必要がなくなったとき。
　三　認可事業者が、第68条の規定による命令に違反したとき。
　四　当該解約の期日が、当該申入れの日から6月以上経過する日に設定されているとき。

（強行規定）

第60条　前2条の規定に反する特約で賃借人に不利なものは、無効とする。

（賃借人死亡後の同居者の一時居住）

第61条　終身建物賃貸借の賃借人の死亡（1戸の認可住宅に賃借人が2人以上いるときは、当該賃借人の全ての死亡。以下この条及び次条において同じ。）があった場合又は期間付死亡時終了建物賃貸借において定められた期間が満了する前に当該期間付死亡時終了建物賃貸借の賃借人の死亡があった場合においては、当該賃借人の死亡があった時から同居者（当該賃借人と同居していた者（当該建物の賃貸借の賃借人である者を除く。）をいう。以下この条に

おいて同じ。）がそれを知った日から1月を経過する日までの間（次条第1項に規定する同居配偶者等であって同項又は同条第2項に規定する期間内に同条第1項本文又は第2項に規定する申出を行ったものにあっては、当該賃借人の死亡があった時から同条第1項又は第2項の規定による契約をするまでの間）に限り、当該同居者は、引き続き認可住宅に居住することができる。ただし、当該期間内に、当該同居者が死亡し若しくは認可事業者に反対の意思を表示し、又は従前の期間付死亡時終了建物賃貸借において定められた期間が満了したときは、この限りでない。

2　前項の規定により引き続き認可住宅に居住する同居者は、認可事業者に対し、従前の建物の賃貸借と同一の家賃を支払わなければならない。

（同居配偶者等の継続居住の保護）

第62条　終身建物賃貸借の賃借人の死亡があった場合において、当該認可住宅に当該賃借人（1戸の認可住宅に賃借人が2人以上いたときは、当該賃借人のいずれか）と同居していたその配偶者又は60歳以上の親族（当該建物の賃貸借の賃借人である者を除く。以下この条において「同居配偶者等」という。）が、当該賃借人の死亡があったことを知った日から1月を経過する日までの間に認可事業者に対し認可住宅に引き続き居住する旨の申出を行ったときは、認可事業者は、当該同居配偶者等と終身建物賃貸借の契約をしなければならない。ただし、当該申出に併せて第57条の規定による申出があったときは、当該同居配偶者等と期間付死亡時終了建物賃貸借の契約をしなければならない。

2　期間付死亡時終了建物賃貸借において定められた期間が満了する前に当該期間付死亡時終了建物賃貸借の賃借人の死亡があった場合において、同居配偶者等が、当該賃借人の死亡があったことを知った日から1月を経過する日までの間に認可事業者に対し認可住宅に引き続き居住する旨の申出を行ったときは、認可事業者は、当該同居配偶者等と当該期間が満了する時まで存続する期間付死亡時終了建物賃貸借の契約をしなければならない。

3　前2項に定めるもののほか、前2項の規定により契約する建物の賃貸借の条件については、従前の建物の賃貸借と同一のもの（前払家賃の額については、その算定の基礎が従前の前払家賃と同一であるもの）とする。

（借賃改定特約がある場合の借地借家法の特例）

第63条　借地借家法第32条の規定は、終身建物賃貸借において、借賃の改定に係る特約がある場合には、適用しない。

（譲渡又は転貸の禁止）

第64条　認可住宅の賃借人は、その借家権を譲渡し、又は転貸してはならない。

（助言及び指導）

第65条　都道府県知事は、認可事業者に対し、基本方針を勘案し、認可住宅の管理に関し必要な助言及び指導を行うよう努めるものとする。

（報告の徴収）

第66条　都道府県知事は、認可事業者に対し、認可住宅の管理の状況について報告を求めることができる。

（地位の承継）

第67条　認可事業者の一般承継人は、当該認可事業者が有していた事業の認可に基づく地位を承継する。

2　前項の規定により事業の認可に基づく地位を承継した者は、遅滞なく、都道府県知事にその旨を届け出なければならない。

3　認可事業者から認可住宅の敷地の所有権その他当該認可住宅の整備及び管理に必要な権原を取得した者は、都道府県知事の承認を受けて、当該認可事業者が有していた事業の認可に基づく地位を承継することができる。

（改善命令）

第68条　都道府県知事は、認可事業者が第54条各号に掲げる基準に適合して認可住宅の管理を行っていないと認めるときは、当該認可事業者に対し、相当の期限を定めて、その改善に必要な措置をとるべきことを命ずることができる。

（事業の認可の取消し）

第69条　都道府県知事は、認可事業者が次の各号のいずれかに該当するときは、事業の認可を取り消すことができる。

　一　第67条第2項の規定に違反したとき。

　二　前条の規定による命令に違反したとき。

　三　不正な手段により事業の認可を受けたとき。

2　第55条の規定は、前項の規定による事業の認可の取消しについて準用する。

（事業の廃止）

第70条　認可事業者は、当該事業の認可を受けた事業を廃止しようとするときは、都道府県知事にその旨を届け出なければならない。

2　事業の認可は、前項の規定による届出があった日から将来に向かってその

効力を失う。
(事業の認可の取消し等後の建物賃貸借契約の効力)
第71条　前2条の規定による事業の認可の取消し若しくは事業の廃止又は第67条第3項の規定による承認を受けないでした認可住宅の管理に必要な権原の移転は、当該取消し若しくは廃止又は権原の移転前にされた建物賃貸借契約の効力に影響を及ぼさない。ただし、借地借家法第三章の規定により賃借人に不利なものとして無効とされる特約については、この限りでない。
(賃貸住宅への円滑な入居のための援助)
第72条　都道府県知事は、認可事業者が破産手続開始の決定を受けたときその他終身建物賃貸借の賃借人（賃借人であった者を含む。）の居住の安定を図るため必要があると認めるときは、当該賃借人に対し、他の適当な賃貸住宅に円滑に入居するために必要な助言その他の援助を行うように努めるものとする。

　　　　　第六章　住宅の加齢対応改良に対する支援措置
第73条　第4条第3項の規定により高齢者居住安定確保計画に公社による同項に規定する事業の実施に関する事項を定めた都道府県の区域内において、公社は、地方住宅供給公社法（昭和40年法律第124号）第21条に規定する業務のほか、委託により、住宅の加齢対応改良の業務を行うことができる。
2　前項の規定により公社が同項に規定する業務を行う場合には、地方住宅供給公社法第49条第三号中「第21条に規定する業務」とあるのは、「第21条に規定する業務及び高齢者の居住の安定確保に関する法律（平成13年法律第26号）第73条第1項に規定する業務」とする。

　　　　　第七章　雑則
(情報の提供等)
第74条　国及び地方公共団体は、高齢者の心身の状況、世帯構成等を勘案して、高齢者のための住宅の整備を促進するよう努めるとともに、高齢者が適当な住宅に円滑に入居することができるようにするために必要な情報の提供その他の必要な措置を講ずるよう努めるものとする。
(協議)
第75条　国土交通大臣及び厚生労働大臣は、第7条第1項第六号ホ及びへ並びに第八号、第15条から第17条まで並びに第20条の国土交通省令・厚生労働省令を定めようとするときは、あらかじめ、内閣総理大臣に協議しなければならない。これを変更しようとするときも、同様とする。

2　国土交通大臣は、第54条第六号の国土交通省令を定めようとするときは、あらかじめ、内閣総理大臣に協議しなければならない。これを変更しようとするときも、同様とする。

（国土交通大臣の権限の委任）

第76条　この法律に規定する国土交通大臣の権限は、国土交通省令で定めるところにより、その一部を地方整備局長又は北海道開発局長に委任することができる。

（大都市等の特例）

第77条　この法律中都道府県知事の権限に属する事務（第4条並びに第21条第2項及び第51条第2項において準用する公営住宅法第45条第3項に規定する事務並びに地方自治法第252条の19第1項の指定都市（以下「指定都市」という。）又は同法第252条の22第1項の中核市（以下「中核市」という。）が終身賃貸事業者である場合の第五章に規定する事務を除く。）は、指定都市及び中核市においては、当該指定都市又は中核市（以下「指定都市等」という。）の長が行うものとする。この場合においては、この法律中都道府県知事に関する規定は、指定都市等の長に関する規定として指定都市等の長に適用があるものとする。

（事務の区分）

第78条　第21条第2項及び第51条第2項において準用する公営住宅法第45条第3項の規定により都道府県が処理することとされている事務は、地方自治法第2条第9項第一号に規定する第一号法定受託事務とする。

　　　　第八章　罰則

第79条　次の各号のいずれかに該当する者は、1年以下の懲役又は50万円以下の罰金に処する。

　一　第32条第1項の規定に違反して、その職務に関し知り得た秘密を漏らし、又は自己の利益のために使用した者
　二　第38条第2項の規定による登録事務の停止の命令に違反した者

第80条　次の各号のいずれかに該当する者は、30万円以下の罰金に処する。

　一　不正の手段によって第5条第1項の登録を受けた者
　二　第9条第1項、第11条第3項又は第12条第1項若しくは第2項の規定による届出をせず、又は虚偽の届出をした者
　三　第14条又は第34条第2項の規定に違反した者
　四　第24条第1項又は第36条第1項の規定による報告をせず、又は虚偽の

報告をした者
　　五　第24条第1項又は第36条第1項の規定による検査を拒み、妨げ、又は忌避した者
　　六　第24条第1項又は第36条第1項の規定による質問に対して答弁せず、又は虚偽の答弁をした者
　　七　第34条第1項の規定に違反して、帳簿を備え付けず、帳簿に記載せず、若しくは帳簿に虚偽の記載をし、又は帳簿を保存しなかった者
　　八　第37条第1項の規定による許可を受けないで登録事務の全部を廃止した者

第81条　第66条の規定による報告をせず、又は虚偽の報告をした者は、20万円以下の罰金に処する。

第82条　法人の代表者又は法人若しくは人の代理人、使用人その他の従業者がその法人又は人の業務に関して前3条の違反行為をした場合においては、その行為者を罰するほか、その法人又は人に対しても各本条の罰金刑を科する。

　　　　附　則（抄）

（施行期日）

第1条　この法律は、公布の日から起算して4月を超えない範囲内において政令で定める日から施行する。ただし、第2章、第35条第1項、第40条第1項第一号（第35条第1項に係る部分に限る。）、第6章、第7章、第91条並びに第93条第一号、第二号、第三号（第25条第1項及び第87条第1項に係る部分に限る。）及び第四号から第六号までの規定（次条において「第2章等の規定」という。）は、公布の日から起算して6月を超えない範囲内において政令で定める日から施行する。

（経過措置）

第2条　第2章等の規定の施行前に入居者の募集を行った高齢者向け優良賃貸住宅についての第35条第1項の規定の適用については、同項中「入居者の募集に先立ち」とあるのは、「第2章の規定の施行後遅滞なく」とする。

２　この法律の施行の日から第2章等の規定の施行の日までの間における第35条第2項の規定の適用については、同項中「入居者の募集に先立ち」とあるのは、「第2章の規定の施行後遅滞なく」とする。

（国の無利子貸付け等）

第3条　国は、当分の間、地方公共団体に対し、第41条第2項の規定により国がその費用について補助することができる高齢者向け優良賃貸住宅の整備で

日本電信電話株式会社の株式の売払収入の活用による社会資本の整備の促進に関する特別措置法（昭和62年法律第86号。以下「社会資本整備特別措置法」という。）第2条第1項第二号に該当するものにつき、認定事業者に対し当該地方公共団体が補助する費用に充てる資金について、予算の範囲内において、第41条第2項の規定により国が補助することができる金額に相当する金額を無利子で貸し付けることができる。

2　国は、当分の間、地方公共団体に対し、登録住宅の改良で社会資本整備特別措置法第2条第1項第二号に該当するものにつき、当該改良を行う登録住宅の賃貸人に対し当該地方公共団体が補助する費用に充てる資金の一部を、予算の範囲内において、無利子で貸し付けることができる。

3　前2項の国の貸付金の償還期間は、5年（2年以内の据置期間を含む。）以内で政令で定める期間とする。

4　前項に定めるもののほか、第1項及び第2項の規定による貸付金の償還方法、償還期限の繰上げその他償還に関し必要な事項は、政令で定める。

5　国は、第1項の規定により地方公共団体に対し貸付けを行った場合には、当該貸付けの対象である事業について、第41条第2項の規定による当該貸付金に相当する金額の補助を行うものとし、当該補助については、当該貸付金の償還時において、当該貸付金の償還金に相当する金額を交付することにより行うものとする。

6　国は、第2項の規定により地方公共団体に対し貸付けを行った場合には、当該貸付けの対象である事業について、当該貸付金に相当する金額の補助を行うものとし、当該補助については、当該貸付金の償還時において、当該貸付金の償還金に相当する金額を交付することにより行うものとする。

7　地方公共団体が、第1項又は第2項の規定による貸付けを受けた無利子貸付金について、第3項及び第4項の規定に基づき定められる償還期限を繰り上げて償還を行った場合（政令で定める場合を除く。）における前2項の規定の適用については、当該償還は、当該償還期限の到来時に行われたものとみなす。

　　　附　　則　（略）〔平成14年2月8日法律第1号〕
　　　附　　則　（略）〔平成15年6月11日法律第75号〕
　　　附　　則　（略）〔平成15年6月20日法律第100号〕
　　　附　　則　（略）〔平成16年3月31日法律第10号〕
　　　附　　則　（略）〔平成16年12月1日法律第147号〕

　　　　附　則（抄）〔平成17年6月29日法律第78号〕
（施行期日）
第1条　この法律は、公布の日から施行する。ただし、〔中略〕附則〔中略〕第15条（高齢者の居住の安定確保に関する法律（平成13年法律第26号）第55条第3項の改正規定を除く。）の規定は、公布の日から起算して3月を超えない範囲内において政令で定める日から施行する。
（罰則に関する経過措置）
第16条　この法律（附則第1条ただし書に規定する規定については、当該規定。以下この条において同じ。）の施行前にした行為及びこの附則の規定によりなお従前の例によることとされる場合におけるこの法律の施行後にした行為に対する罰則の適用については、なお従前の例による。
（政令への委任）
第17条　この附則に規定するもののほか、この法律の施行に伴い必要な経過措置は、政令で定める。

　　　　附　則（抄）〔平成17年7月6日法律第82号〕
（施行期日）
第1条　この法律は、平成19年4月1日から施行する。ただし、〔中略〕附則〔中略〕第21条及び第22条の規定は、公布の日から施行する。
（罰則に関する経過措置）
第19条　この法律の施行前にした行為並びに附則第7条第2項の規定により旧公庫法、附則第17条の規定による改正前の阪神・淡路大震災に対処するための特別の財政援助及び助成に関する法律及び前条の規定による改正前の高齢者の居住の安定確保に関する法律（これらの法律を適用し、又は準用する他の法律を含む。）の規定の例によることとされる場合並びにこの附則の規定によりなお従前の例によることとされる場合におけるこの法律の施行後にした行為に対する罰則の適用については、なお従前の例による。
（政令への委任）
第21条　この附則に定めるもののほか、機構の設立に伴い必要な経過措置その他この法律の施行に関し必要な経過措置は、政令で定める。
（住宅の建設等に必要な長期資金の調達に係る施策の推進）
第22条　政府は、機構の設立及び公庫の解散に際し、国民によるその負担能力に応じた住宅の建設等に必要な長期資金の調達に支障が生じないよう必要な施策の推進に努めるものとする。

　　　　附　　則（略）〔平成18年6月2日法律第50号〕
　　　　附　　則（抄）〔平成18年6月8日法律第61号〕
（施行期日）
第1条　この法律は、公布の日から施行する。
（高齢者の居住の安定確保に関する法律の一部改正に伴う経過措置）
第12条　前条の規定による改正後の高齢者の居住の安定確保に関する法律第3条第3項の規定は、この法律の施行の日以後第15条第1項の規定により全国計画が定められるまでの間は、適用しない。
（政令への委任）
第17条　この附則に規定するもののほか、この法律の施行に伴い必要な経過措置は、政令で定める。

　　　　附　　則（抄）〔平成21年5月20日法律第38号〕
（施行期日）
第1条　この法律は、公布の日から起算して3月を超えない範囲内において政令で定める日から施行する。ただし、次の各号に掲げる規定は、当該各号に定める日から施行する。
　一　第4条から第8条まで、第10条、第12条（見出しを含む。）及び第13条（見出しを含む。）の改正規定並びに本則に1条を加える改正規定並びに附則第4条の規定　公布の日から起算して1年を超えない範囲内において政令で定める日
　二　次条の規定　公布の日から起算して6月を超えない範囲内において政令で定める日

（準備行為）
第2条　この法律による改正後の高齢者の居住の安定確保に関する法律（以下「新法」という。）第6条第1項（新法第17条第4項の規定により読み替えて適用する場合を含む。）の登録を受けようとする者は、前条第一号に掲げる規定の施行前においても、新法第4条及び第5条（これらの規定を新法第17条第4項の規定により読み替えて適用する場合を含む。）の規定の例により、その申請を行うことができる。
（経過措置）
第3条　新法第3条第1項の規定により基本方針が定められるまでの間は、この法律の施行の際現にこの法律による改正前の高齢者の居住の安定確保に関する法律（以下「旧法」という。）第3条第1項の規定により定められている

基本方針は、新法第3条第1項の規定により定められた基本方針とみなす。

第4条　附則第1条第一号に掲げる規定の施行の際現に行われている旧法第4条（旧法第17条第4項の規定により読み替えて適用される場合を含む。）の登録は、同号に掲げる規定の施行の日に、その効力を失う。

2　前項の規定によりその効力を失った登録を行っている者は、当該登録を消除しなければならない。

3　前項の規定により登録が消除された賃貸住宅にその消除前から入居していた高齢者でその後も引き続き当該賃貸住宅に入居しているものの家賃に係る債務保証については、当該賃貸住宅は、新法第10条に規定する登録住宅とみなす。

第5条　この法律の施行前にされた旧法第30条第1項又は旧法第57条第1項の規定による認定又は認可の申請であって、この法律の施行の際、認定又は認可をするかどうかの処分がされていないものについての認定又は認可の処分については、なお従前の例による。

（罰則に関する経過措置）

第6条　この法律の施行前にした行為に対する罰則の適用については、なお従前の例による。

（政令への委任）

第7条　附則第2条から前条までに定めるもののほか、この法律の施行に伴い必要な経過措置（罰則に関する経過措置を含む。）は、政令で定める。

（検討）

第8条　政府は、この法律の施行後5年を経過した場合において、新法の施行の状況について検討を加え、必要があると認めるときは、その結果に基づいて所要の措置を講ずるものとする。

　　　附　則（抄）〔平成23年4月28日法律第32号〕

（施行期日）

第1条　この法律は、公布の日から起算して6月を超えない範囲内において政令で定める日から施行する。

（高齢者の居住の安定確保に関する法律の一部改正に伴う経過措置）

第2条　第1条の規定による改正前の高齢者の居住の安定確保に関する法律（以下「旧高齢者居住安定確保法」という。）第17条第1項の登録事務に従事する同項の指定登録機関（その者が法人である場合にあっては、その役員）又はその職員であった者に係る当該登録事務に関して知り得た秘密を漏らし、

又は自己の利益のために使用してはならない義務については、この法律の施行後も、なお従前の例による。

第3条　この法律の施行前にされた旧高齢者居住安定確保法第56条又は第60条第1項の認可の申請であって、この法律の施行の際、認可をするかどうかの処分がされていないものについての認可の処分については、なお従前の例による。

第4条　この法律の施行前に旧高齢者居住安定確保法第56条又は第60条第1項の規定によりされた認可は、それぞれ第1条の規定による改正後の高齢者の居住の安定確保に関する法律（以下「新高齢者居住安定確保法」という。）第52条又は第56条第1項の規定によりされた認可とみなす。

第5条　この法律の施行の際現に旧高齢者居住安定確保法第80条（同条第一号及び第二号に係る部分に限る。）の規定により旧高齢者居住安定確保法第78条の高齢者居住支援センターが行っている債務保証業務については、当該業務に係る保証契約の期間が満了するまでの間は、なお従前の例による。

（罰則に関する経過措置）

第7条　この法律の施行前にした行為並びに附則第2条及び第5条の規定によりなお従前の例によることとされる事項に係るこの法律の施行後にした行為に対する罰則の適用については、なお従前の例による。

（政令への委任）

第8条　附則第2条から前条までに定めるもののほか、この法律の施行に伴い必要な経過措置（罰則に関する経過措置を含む。）は、政令で定める。

（検討）

第9条　政府は、この法律の施行後5年を経過した場合において、新高齢者居住安定確保法の施行の状況について検討を加え、必要があると認めるときは、その結果に基づいて所要の措置を講ずるものとする。

　　　附　則（抄）〔平成23年6月3日法律第61号〕

（施行期日）

第1条　この法律は、公布の日から起算して1年を超えない範囲内において政令で定める日（以下「施行日」という。）から施行する。ただし、次の各号に掲げる規定は、当該各号に定める日から施行する。

一及び二　略

三　附則第48条中高齢者の居住の安定確保に関する法律（平成13年法律第26号）第6条第1項第四号及び第26条第1項第二号イの改正規定　施行

日又は高齢者の居住の安定確保に関する法律等の一部を改正する法律（平成 23 年法律第 32 号）の施行の日のいずれか遅い日

　四　略

（高齢者の居住の安定確保に関する法律の一部改正に伴う調整規定）

第 49 条　施行日が高齢者の居住の安定確保に関する法律等の一部を改正する法律の施行の日前となる場合には、前条のうち高齢者の居住の安定確保に関する法律第 8 条第 1 項第六号の改正規定中「第 8 条第 1 項第六号」とあるのは、「第 7 条第 1 項第三号」とする。

著者一覧

京極髙宣（きょうごく・たかのぶ）
日本社会事業大学学長（1995年4月～2005年3月）を経て国立社会保障・人口問題研究所所長（2005年4月～2010年3月）。2010年4月、同研究所名誉所長。全国社会福祉協議会 中央福祉学院学院長（2008年8月～現在に至る）。社会福祉法人 浴風会理事長（2010年7月～現在に至る）。著作、『京極髙宣著作集（全10巻）』（2002～2003年）中央法規出版、『社会保障と日本経済』「社会市場」の理論と実証（2007年）慶応義塾大学出版会、『共生社会の実現』（2010年）中央法規出版、『福祉レジームの転換―社会福祉改革試論』（2013年）中央法規出版ほか。

井上由起子（いのうえ・ゆきこ）
日本女子大学住居学科卒業。建設会社勤務を経て、横浜国立大学工学研究科修了、博士（工学）、一級建築士。旧国立医療・病院管理研究所、国立保健医療科学院を経て、2012年より、日本社会事業大学専門職大学院准教授。専門は高齢期の居住と福祉、福祉経営。著作、『いえとまちのなかで老い衰える』中央法規出版、『地域包括ケア時代のサービス付き高齢者向け住宅』中央法規出版ほか。所属学会：日本建築学会、日本病院管理学会、日本都市住宅学会、日本福祉のまちづくり学会、日本介護経営学会ほか。

高橋　正（たかはし・ただし）
一級建築士。設計事務所勤務を経て、ユーミーらいふグループに入職。高齢者住宅事業の立ち上げ時から、事業責任者として関わり2006年ユーミーケア副社長、2008年より代表取締役社長に就任。2012年11月同社退任。2013年より、カイロス・アンド・カンパニー代表取締役として、訪問看護ステーションの事業展開を中心に在宅サービスの拡充に現在は注力。

深澤典宏（ふかさわ・のりひろ）

1986年、東京大学法学部卒業、同年建設省（現・国土交通省）入省。2006年、国土交通省総合政策局政策課政策企画官、2008年、同省関東地方整備局用地部長、2011年8月、厚生労働省老健局高齢者支援課課長を経て、2013年8月より国土交通省水管理・国土保全局水政課長に就任し、現在に至る。

宮島　渡（みやじま・わたる）

大学卒業後、民間金融機関に就職。1987年、茨城県内特別養護老人ホームへ生活相談員として勤務。1991年、長野県の医療法人に所属し、特別養護老人ホームアザレアンさなだの建設に着手。1993年、特別養護老人ホームアザレアンさなだ・真田町デイサービスセンター開所、施設長に就任、現在に至る。社会福祉法人恵仁福祉協会常務理事、長野県社会福祉会顧問なども務める。

山田尋志（やまだ・ひろし）

名古屋市立大学経済学部を卒業後、1981年より社会福祉法人健光園に勤務。1990年に健光園園長、2000年高齢者福祉総合施設ももやま園長に就任。2012年健光園を退職、地域密着型総合ケアセンターきたおおじ代表に就任。他に、NPO法人介護人材キャリア開発機構理事長、京都地域密着型サービス事業所協議会会長、近畿老人福祉施設協議会研修委員長、全国経営協介護保険事業経営委員会専門委員、厚生労働省「これからの介護人材養成の在り方に関する検討会」委員なども務めている。

サービス付き高齢者向け住宅の意義と展望

2013年11月28日　第1版第1刷発行

監修　京極髙宣

発行者　松林久行

発行所　株式会社大成出版社

〒156-0042　東京都世田谷区羽根木1-7-11

電話 03-3321-4131（代）

http://www.taisei-shuppan.co.jp/

Ⓒ 2013　京極髙宣

印刷／亜細亜印刷

落丁・乱丁はおとりかえいたします
ISBN 978-4-8028-3101-7